A
DESCOBERTA
do
EU

Dados Internacionais de Catalogação na Publicação (CIP)
(Câmara Brasileira do Livro, SP, Brasil)

Berndt, Christina
 A descoberta do eu : como nos tornamos quem somos / Christina Berndt ; tradução de Markus A. Hediger. – Petrópolis, RJ : Vozes, 2022.

Título original: Individuation – Wie wir werden, wer wir sein wollen
Bibliografia.
ISBN 978-65-5713-595-2

1. Autoaceitação 2. Autoconhecimento 3. Desenvolvimento pessoal 4. Individualismo (Psicologia) 5. Personalidade – Aspectos psicológicos I. Título.

22-100634 CDD-158.2

Índices para catálogo sistemático:
1. Individualidade : Psicologia 158.2

Aline Graziele Benitez – Bibliotecária – CRB-1/3129

CHRISTINA BERNDT

A
DESCOBERTA
do
EU

*Como nos tornamos
quem somos*

Tradução de Markus A. Hediger

© 2019 dtv Verlagsgesellschaft mbH & Co. KG, München
Direitos negociados através da Agência Literária Ute Körner
www.uklitag.com

Tradução realizada a partir do original em alemão intitulado *Individuation –*
Wie wir werden, wer wir sein wollen – Schritte zu einem Ich, das uns erfüllt

Direitos de publicação em língua portuguesa – Brasil:
2022, Editora Vozes Ltda.
Rua Frei Luís, 100
25689-900 Petrópolis, RJ
www.vozes.com.br
Brasil

Todos os direitos reservados. Nenhuma parte desta obra poderá ser
reproduzida ou transmitida por qualquer forma e/ou quaisquer meios
(eletrônico ou mecânico, incluindo fotocópia e gravação) ou arquivada em
qualquer sistema ou banco de dados sem permissão escrita da editora.

CONSELHO EDITORIAL

Diretor
Gilberto Gonçalves Garcia

Editores
Aline dos Santos Carneiro
Edrian Josué Pasini
Marilac Loraine Oleniki
Welder Lancieri Marchini

Conselheiros
Francisco Morás
Ludovico Garmus
Teobaldo Heidemann
Volney J. Berkenbrock

Secretário executivo
Leonardo A.R.T. dos Santos

Diagramação: Raquel Nascimento
Revisão gráfica: Alessandra Karl
Capa: Érico Lebedenco

ISBN 978-65-5713-595-2 (Brasil)
ISBN 978-3-423-26236-1 (Alemanha)

Este livro foi composto e impresso pela Editora Vozes Ltda.

Para minha mãe,
que permitiu que eu seguisse o meu caminho.

SUMÁRIO

Introdução, 9

As coisas que são possíveis, 15

Teste: Qual é o meu nível de autenticidade?, 51

O amadurecimento da personalidade, 57

    Os *Big Five* , 74

A medição da alma, 77

Teste: Qual é a minha personalidade?, 85

Ressonância – Ou as decisões importantes, 89

Influências surpreendentes, 125

Quando, de repente, você se torna outra pessoa, 127

Micróbios contra depressões, 137

Inventar a si mesmo ao invés de encontrar a si mesmo, 161

Bibliografia, 199

INTRODUÇÃO

*"Em cada um de nós existe também
um outro
que não conhecemos".
Carl Gustav Jung*

No início, nada além de semelhança. Quando Paul e Jan Holst[1]* nascem, em 1982, a família inteira está encantada. Gêmeos! Os dois garotos são tão parecidos que mal dá para distingui-los, até sua personalidade é igual. Eles gostam de ajudar e trabalhar, e amam a vida. A mãe pensa: eles vão se dar bem na vida, com esses dois ela não terá que se preocupar. Mas na puberdade, as diferenças entre os dois começam a aparecer. Paul é ambicioso, presta vestibular e vai para a faculdade. Mas Jan se envolve com sujeitos duvidosos, pratica crimes, gosta de uma briga. O primeiro auge em sua carreira de criminoso são dois anos de cadeia.

Como é possível que os dois rapazes, com condições iniciais tão parecidas, desenvolveram biografias tão diferentes? O que faz com que um deles se torne um jovem esforçado, ambicioso, sociável, que contribui para a sociedade e o outro se transforme em um egoísta inescrupuloso, que, para satisfazer seus próprios interesses, viola os direitos e a propriedade dos outros? Basta um amigo errado na hora errada para determinar o nosso futuro de forma fatídica ou são necessários muitos fatores contribuintes para que a vida tome um outro rumo?

Como nos tornamos quem nós somos?: quase todos os seres humanos são confrontados com essa pergunta – o mais tardar nos

---

* Nome fictício.

grandes pontos de virada na vida ou quando entram numa crise. O que me fez ser como sou? Eu teria sido uma pessoa diferente se as condições tivessem sido melhores? Por que eu reajo de forma tão sentimental, agressiva ou com tanta mágoa quando alguém me acusa de algo? Como eu poderia levar uma vida melhor e mais feliz? E como posso me proteger contra as influências negativas que me transformam de uma maneira que não me agrada?

Os cientistas também se ocupam com essa pergunta de modo especialmente intensivo nos dias de hoje. Psicólogos, neurologistas e sociólogos tentam descobrir como a personalidade de um ser humano se forma. E os especialistas são obrigados a admitir: durante muitos anos partiram de premissas totalmente erradas. Por muito tempo, acreditavam que o ser humano nasce com a personalidade praticamente predeterminada. Uma pessoa podia ser deformada e perder o rumo na juventude, porém, mais tarde, ela podia ir à procura de si mesma e se realizar. Todos – psicanalíticos, comunistas, existencialistas, *hippies* – todos eles ficavam fascinados com a ideia da autorrealização.

Hoje, porém, os especialistas admitem: durante muitos anos partiram de premissas totalmente equivocadas. Sem dúvida alguma, já nascemos com um caráter forte que, pouco tempo após o nascimento, pode ser reconhecido por outros. Mas a maneira em que ele se desenvolve é influenciado fortemente por aquilo que vivenciamos e pelas pessoas que encontramos. Se tivéssemos nascido em outro lugar, em outro tempo, e tivéssemos sido criados por outra família, teríamos nos tornado uma pessoa bem diferente.

"A partir do momento em que nasce, a personalidade do ser humano se transforma", afirma Werner Greve, professor de psicologia do desenvolvimento, "isso já começa no primeiro segundo de vida". Cada ser humano sofre novas influências a cada dia. Além disso, ele constrói aquilo que considera ser seu eu na interação com seu ambiente, suas experiências de vida, seus apoiadores e adversários da forma que melhor lhe convém. Ele inventa seu eu mais do que o encontra. O resultado é um eu que se encaixou no grande quebra-cabeça da vida e que muda e se adapta novamente assim que as peças em sua volta mudam de posição.

A palavra mágica é ressonância: originalmente, o fenômeno designa a vibração de um sistema na acústica. Mas a ressonância acontece diariamente não só em nosso ouvido interno, mas também em nosso convívio social. Por isso, o fenômeno da ressonância está chamando cada vez mais a atenção das ciências humanas. O sociólogo Hartmut Rosa identificou a importância da ressonância para a vida numa sociedade. Ele descreve a ressonância como o sentimento que surge quando as pessoas se sentem inseridas numa "relação com o mundo". Nós vivenciamos ressonância quando cumprimos uma tarefa significativa à qual as pessoas talvez até nos deem um *feedback* positivo, quando nos emocionamos com a vista do mar ou no alto de uma montanha, quando conversamos com nossos amigos mais próximos, quando uma música comove a nossa alma ou quando o nosso time de futebol vence uma partida. E quando não há ressonância, nós nos sentimos alheios ao mundo.

Atualmente, o tema da ressonância ocupa, também, cada vez mais a psicologia. Afinal de contas, a alma do ser humano também é um sistema vibratório. Ela continua a se desenvolver em reação a influências externas. Encontros, vivências e experiências provocam ecos, a transformam e voltam a afetar o mundo externo. O ser humano vive numa troca constante com o seu ambiente e é influenciado em seu ser e em sua consciência.

O fenômeno tem efeitos que vão muito além do momento atual. No fim, a ressonância chega até a se arraigar nos genes, como mostrou de forma impressionante o novo campo de pesquisa da epigenética. Não importa o que vivenciamos, tudo é inscrito em nossos genes na forma de sinais químicos. E quando a sensação de ressonância é especialmente intensa, torna-se muito difícil apagar as mudanças moleculares em nossos genes.

E a ressonância nem sempre é positiva. O ser humano vibra em ressonância não só na conversa com outros, em que um afirma o outro e lhe propicia momentos de bem-estar, ou em conferências e reuniões em que ele sinaliza consentimento com o chefe de forma constante para aumentar suas chances de carreira. O ser humano reage com ressonância também num ambiente negativo. Como ser social, ele absorve o que acontece em sua volta. Um ambiente amoroso pode favorecer uma vida futura em felicidade, mas um ambiente maligno pode fazer com que experiências negativas em situações dominadas pelo medo voltem a acontecer sempre de novo. Até mesmo xenofobia e fascismo são eventos de ressonância muito fortes.

Ao longo das décadas, um ser humano vivencia e absorve uma grande quantidade de vibrações. Algumas o abalam, outras o tocam com delicadeza. Assim ele faz experiências que o enriquecem, vivencia afirmação empolgante e algumas outras vivências o ferem profundamente. Em suma: ele se torna aquilo que nós chamamos de uma pessoa amadurecida. Uma pessoa amadurecida é alguém que vivenciou muito e que permitiu que essa vivência o transformasse. Maduro não é aquele que insiste em ser como sempre foi, mas aquele que se desenvolveu, que se tornou mais sábio por causa de suas experiências. Amadurecer é, portanto, um processo. Amadurecer não significa encontrar a si mesmo, mas transformar-se em ressonância com a vida.

Antes de a ideia de encontrar a si mesmo conquistar o mundo ocidental, os filósofos já tinham uma noção de que o ser humano se insere em um lugar no mundo em que ele mesmo escolheu ou no qual ele foi colocado à força. Já na Antiguidade os estoicos falavam de como o ser humano "projeta a si mesmo por meio de suas ações". Em termos mais modernos: como ele se torna si mesmo. Ou como ele cria o seu eu para si mesmo. É um processo do devir do eu, da individuação. Muitas vezes, isso acontece de forma passiva e inconsciente. Nós somos cunhados, vibramos em sintonia, adotamos ideias de outras pessoas e nos adaptamos. Mas é claro que influenciamos esse processo também de forma ativa. Não somos apenas uma bola no jogo dos eventos. Afinal de contas, nós também conduzimos as nossas vivências. Nós decidimos não fazer amizade com pessoas que não nos fazem bem ou escolhemos uma profissão que nos permite conquistar o *status* social que tanto desejamos em vez de seguir os nossos talentos. Nós fundamos uma família ou passamos tempo no exterior, onde nos expomos a vibrações totalmente novas até então desconhecidas. "Dependendo do rumo que escolhemos para a nossa vida, nós enfrentamos desafios completamente diferentes, aos quais nos adaptamos naturalmente – e isso deixa marcas na personalidade", afirma Jule Specht, professora de psicologia da personalidade, na Universidade Humboldt, em Berlim, e uma das maiores especialistas em seu campo.

Cada ser humano de certa idade sabe que ele se transformou ao longo dos anos em certa medida. De repente, ele desenvolve um fascínio por coisas que, no passado, não o interessavam. Por outro lado, coisas que o irritavam na juventude, hoje passam quase despercebidas. Isso não significa necessariamente uma transformação fundamental da personalidade. Alguém com mais de quarenta anos de idade não precisa ir a cada festa como ainda fazia aos vinte e poucos anos. Mesmo assim pode continuar a ser uma pessoa extrovertida e sociável. Agora, essa pessoa talvez pare e converse com algum conhecido que encontra na rua em vez de dançar na discoteca até o dia raiar. Mas essas mudanças, que transformam uma pessoa tímida em uma personalidade comunicativa e uma pessoa ordeira e correta em alguém que se esquece de pagar as contas e não cata a roupa largada no chão nem mesmo quando recebe visitas, também existem.

As pessoas mudam, e elas são capazes de trabalhar em suas personalidades. No entanto, é preciso uma boa dose de realismo: "Aos 55 anos de idade, você ainda pode aprender a dançar, mas, nessa idade, nem todos têm o potencial de se tornar um dançarino profissional", afirma o psicólogo de desenvolvimento Werner Greve. No entanto, não são apenas as nossas limitações físicas que sabotam os nossos esforços. É difícil trabalhar em si mesmo quando as pessoas em nossa volta aplicam clichês a nós mesmos e nos atribuem determinado caráter. Na cidade, no local de trabalho, onde os outros já formaram uma imagem de nós, é difícil romper essas noções habituais. "Muitas vezes, é o *feedback* que recebemos de outros que nos impedem de mudar", afirma Greve. "Num contexto novo, transformações são mais fáceis."

O que, então, nos torna aquilo que somos? E quais possibilidades temos para exercer uma influência ativa sobre esses processos? Nós podemos nos tornar quem queremos ser? Novos trabalhos de pesquisa interessantes nos ajudam a entender melhor o processo da nossa individuação. Eles mostram quais circunstâncias de vida, quais decisões exercem a maior influência sobre nós. Não são apenas os maiores desafios na vida que nos fazem amadurecer. E também não precisamos temer que experiências negativas e influências externas indesejadas deixem necessariamente marcas negativas duradouras em nós. Até mesmo a importância da infância tem sido superestimada até agora. Em grande medida, nós mesmos podemos determinar como a nossa personalidade se desenvolve. Não é tão importante quem nós éramos ontem. Muito mais importante é o que somos hoje.

AS COISAS QUE SÃO POSSÍVEIS

"Nunca somos tão fiéis a nós
mesmos quanto
em momentos de inconsequência".
Oscar Wilde

O velho senhor Birbaumer nunca imaginou que seu filho desordeiro se transformaria tanto. Ele teve que ameaçar seu filho Niels para tirá-lo das ruas e para despertar um pouco de humanidade nesse encrenqueiro e membro de uma gangue. Como é que justamente esse filho pôde se transformar em alguém que defende os direitos dos impotentes? Na Viena da década de 1960, ninguém poderia ter previsto isso.

Hoje, Niels Birbaumer é não só um psicólogo e neurocientista conhecido, cuja pesquisa não para de surpreender o mundo. Ele é famoso principalmente por se empenhar em prol daqueles que não conseguem defender seus próprios direitos. Na verdade, Birbaumer, que nasceu em 1945, já deveria estar aposentado há muito tempo, mas, há anos, ele persegue um único objetivo: fazer com que sejam ouvidos aqueles que não conseguem abrir a boca, que nem mesmo conseguem piscar, nem mexer um dedo, que, totalmente conscientes, estão completamente presos em seu corpo, porque uma doença terrível chamada ELA os impede de exercer qualquer controle sobre os seus músculos. O professor quer tornar visíveis os pensamentos de pacientes que sofrem da Síndrome do Encarceramento através de sensores presos à cabeça que registram as ondas cerebrais. Ele afirma que isso lhe permite obter acesso àqueles cujo espírito não tem possibilidade de se expressar.

Um pouco de chá depois do jantar? Um pouco de sorvete de morango nos lábios? A peregrinação penosa para um santuário? A sua técnica revela se os pacientes desejam isso ou não, explica Birbaumer. Assim ele tenta ajudar aos totalmente paralisados a expressar seus desejos e necessidades. Ele quer dar a eles uma voz – e muito mais do que isso: participação verdadeira.

Existe, então, uma pessoa mais sensível e empática do que Niels Birbaumer? Os parentes de seus pacientes o veneram como se ele fosse um santo. Mas, as pessoas no bairro de operários em Viena, onde Birbaumer cresceu, tinham uma opinião bem diferente dele. Em sua juventude, nada indicava que ele se tornaria um professor de Psicologia mundialmente conhecido e dotado de inúmeros títulos honorários, que recebe um prêmio após o outro pela sua pesquisa da doença. O próprio Birbaumer costumava ser mau. Quando jovem, o filho de um comunista convicto tinha se juntado a um bando de marginais e, em vez de ajudar e apoiar pessoas impotentes, ele não se importava com a impotência dos outros. Em vez de tentar obter acesso aos pensamentos, ele obteve acesso à propriedade de estranhos: ele arrombava carros e roubava os rádios e os vendia, usando o dinheiro para comprar uma bicicleta nova ou passar as noites com prostitutas. E ele também não tinha escrúpulos na hora de usar violência. Certo dia, ele foi preso e jogado na prisão: quando um colega roubou seu sanduíche no intervalo das aulas, Birbaumer não hesitou. Pegou uma tesoura e a enfiou no pé do ladrão. Por isso ele pegou dois dias de prisão numa instituição correcional para jovens, por lesão corporal.

Hoje, Birbaumer conta essas anedotas do seu passado com um sorriso. Ele está sentado em seu escritório na Universidade de Tübingen cercado de pilhas de livros, títulos acadêmicos do mundo inteiro e retratos de Franz Schubert, a quem admira muito, e luta para chamar a atenção para aqueles que não conseguem se expressar. "Essas pessoas não têm intercessores, ninguém se interessa por elas além dos poucos parentes que têm", diz o homem com cabelo grisalho denso, que ainda gosta de roupas pretas, como na época em que era membro de uma gangue. Mas com exceção da cor de suas roupas: mundos separam o professor empático e o arrombador de carros de então, que não ligava para o sofrimento de suas vítimas. "Não podemos simplesmente largar essas pessoas em suas camas quando dispomos desses métodos", ele afirma.

Como, porém, ocorreu essa transformação surpreendente?

"Pressão externa", Birbaumer responde secamente. "Foi só graças ao meu pai que decidi mudar de rumo". Seu pai interveio e o colocou em outro ambiente: ele o ameaçou dizendo que teria que começar como aprendiz de sapateiro se seu comportamento não mudasse imediatamente. Então Birbaumer decidiu aproveitar a sua chance. Ele mudou de escola, prestou vestibular e acabou estudando Psicologia e Neurofisiologia na Universidade de Viena. Fez o doutorado aos 23 anos de idade. E aos 29 anos, os estudantes da esquerda em Tübingen o elegeram como professor.

Seu novo ambiente tinha facilitado esse processo. "No nosso bairro, regia a lei das ruas, mas então me mudei para a *Stubenbastei* e comecei a frequentar uma escola em outro bairro, onde o mundo inteiro se encontrava", ele conta. Havia professores judeus, professores da Rússia, alunos das mais diversas origens. De repente, o mundo do aprendizado e do conhecimento ficou mais interessante do que o reconhecimento dos garotos de sua gangue. "O ser humano pode mudar profundamente", explica Birbaumer, "se influências fortes o bastante o levarem a isso ou se ele realmente o desejar". Ele pode se transformar de brutamontes em um ser que se empenha em prol da sociedade. No fundo do coração, Birbaumer não deixou de ser um revolucionário.

Recentemente, ele está enfrentando muitas acusações de ter manipulado seus dados referentes à leitura dos pensamentos de pacientes com Síndrome de Encarceramento. A Associação de Pesquisa Alemã (Deutsche Forschungsgemeinschaft) o excluiu por cinco anos. Isso o impede de pedir apoio financeiro para as suas pesquisas e ele também não pode trabalhar como perito em processos jurídicos. A Associação de Pesquisa Alemã constata que

Birbaumer, em sua publicação sobre a leitura de pensamentos, que chamou muita atenção, teria fornecido informações erradas e publicado dados seletivamente. Birbaumer admite que ele não publicou alguns dados – mas somente porque ele foi obrigado a interromper frequentemente os testes com os seus pacientes. Ele continua insistindo que consegue se comunicar com pessoas consideradas "completamente encarceradas".

Sessenta anos após a sua prisão como jovem em Viena, Niels Birbaumer continua a enfrentar as autoridades. Mas ele mudou: desde aquela mudança na sua juventude, ele usa as suas capacidades e habilidades de forma construtiva e não destrutiva. Ele as usa em prol de seus pacientes e, ao fazer isso, questiona terapias antiquadas e experimenta coisas que, antes dele, ninguém tinha explorado. "Mudança é possível", ele ressalta mais uma vez. Sua história nem é tão espetacular, muitas pessoas aproveitam seu potencial inato para fazer um novo começo. E finalmente ele comprovou também isto: "Ser adulto não significa ficar parado, o cérebro continua flexível".

Mas qual Niels Birbaumer é o verdadeiro? O brutamontes sem consciência do passado ou o lutador que se orienta por uma forte convicção humanista e que defende os direitos dos deficientes? Qual dos dois é falso? É possível que ele tenha se adaptado para vivenciar reconhecimento e sucesso? Ou será que, na verdade, ele continua o mesmo e só mudou seu comportamento porque reconheceu que assim ele consegue avançar na vida? A verdade é: para Birbaumer, e todos nós, vale – não existe um eu verdadeiro. Portanto, não se trata de descobrir aquela personalidade que teríamos desde as nossas origens. Não existe esse núcleo imutável dentro de nós que precisamos reconhecer e ao qual deveríamos corresponder em nossa existência se não quisermos nos distorcer. A psicologia moderna sabe hoje: nós nos distorcemos todos os dias. Ou em palavras mais agradáveis: nós nos adaptamos. Nós nos desenvolvemos. Nós aprendemos com a vida. "O si-mesmo não é uma entidade sólida, não é o núcleo imutável da nossa pessoa, não é a substância da nossa identidade", afirma o psicólogo do desenvolvimento Werner Greve. "Ele muda o tempo todo."

Totalmente autêntico

Essa constatação talvez abale muita gente. Afinal de contas, muitos acreditam saber exatamente quem eles são. Passaram uma vida inteira refletindo sobre si mesmos, tentaram ouvir sua alma, sondaram suas necessidades e formaram seus ideais, e eles acreditam firmemente que estão vivendo de acordo com essas percepções. Querem ser fiéis a si mesmos diariamente. E desejam sempre seguir a convicção que corresponde também ao seu mais íntimo. "As pessoas anseiam por agir de forma autêntica", afirma o psicólogo social Roy Baumeister, da University of Queensland, na Austrália. Acreditam que só assim conseguem se olhar no espelho sem sentir vergonha de si mesmos.

Ser totalmente si mesmo, ou seja, ser verdadeiro, é um valor muito prezado na nossa sociedade. E isso não surpreende. Autenticidade concede segurança à comunidade. Você pode confiar em alguém que é autêntico, ele é, por assim dizer, previsível. Sem autenticidade não existe confiança. Mas essa valorização da autenticidade está também profundamente enraizada na nossa cultura. Para os filósofos existencialistas desde Sartre e Camus até Heidegger, a autenticidade é até mesmo a precondição para a moral. "Torna-te o si-mesmo que é realmente verdadeiro!", recomendava Sören Kierkegaard. A ideia básica dessa convicção é que a moral se forma porque as pessoas agem de forma autêntica, porque não se deixam desviar de seu caminho por preconceitos ou promessas de curto prazo, caminho este determinado por suas exigências honestas a uma vida correta. Sábios, filósofos e mestres, com exigências morais especialmente altas como Sócrates e Jesus, preferiram até desistir da vida a trair os seus ideais. Jesus permitiu que fosse pregado à cruz apesar de receber a chance de se distanciar de suas convicções diante do sumo sacerdote; mas mesmo em face da ameaça da sentença de morte ele repetiu mais uma vez que era o Filho de Deus. Sócrates bebeu o veneno apesar de ter sido condenado à morte injustamente, como acreditava, e poder ter escapado da prisão. Mas isso teria contrariado os seus princípios. Ele respeitava demais o Estado e sua jurisprudência, até mesmo seus julgamentos errados.

Personalidades autênticas, dispostas a desistir de tudo por causa de suas convicções, nos fascinam. Ainda hoje a nossa sociedade vê com bons olhos aqueles que são autênticos. "Seja totalmente você mesmo", aconselham-nos os pais, professores, gurus desde a nossa infância. Assim podemos descer das alturas da filosofia até as planícies da cultura popular e encontrar ideias muito semelhantes às de Sartre, Sócrates e Kierkegaard. Em todos os nichos culturais da República, as pessoas se gabam de ser totalmente elas mesmas.

"Eu sou autêntico, eu não engano ninguém", diz a famosa cantora de música popular alemã Andrea Berg (título de um de seus álbuns: "Esta noite vale cada pecado") e em nada se diferencia de Deso Dogg, de Berlim, um cantor que segue o gênero completamente diferente do gangsta rap (letra de uma música: "Bem-vindo em meu mundo cheio de ódio e de sangue"): "Posso afirmar que sou autêntico", o rapper disse em uma entrevista, antes de perder sua vida num delírio de terror salafista na Síria. Mireille Mathieu, uma cantora de chansons franceses, a "pardal de Avignon", que representa um mundo muito mais amoroso, chegou até a afirmar: "No fim, a autenticidade sempre vale a pena. Eu sou sempre eu". Reconhecemos com facilidade: uma pessoa autêntica tem os fãs do lado dela. Por outro lado, desprezamos e desdenhamos todos aqueles que aparentam ser insinceros, que se distorcem ou sempre seguem o caminho mais fácil.

Também entre os executivos a palavra já faz parte do vocabulário fixo, constata o jornal *Wirtschaftswoche*, quase como garantia para um sucesso sólido. Ao assumir a chefia da companhia RWE, na Alemanha, Peter Terium anunciou, em 2012, que pretendia "liderar sem comprometer sua autenticidade". Olaf Koch, CEO da empresa Metro, disse certa vez numa entrevista: "O importante é permanecer fiel a si mesmo". E Jamie Dimon, CEO do banco multinacional JP Morgan Chase, foi eleito o presidente de conselho mais autêntico pelo instituto de pesquisa de mercado Quantified Communications – porque "diz o que pensa". Em anúncios de emprego e sites de recrutamento, os empregadores buscam pessoas com apresentação e caráter autênticos, pois acreditam que autenticidade significa sucesso e é bem-visto.

Só poucos intelectuais se opõem a essa tendência, como, por exemplo, Susanne Breit-Kessler. A bispa regional evangélica na Baviera não suporta mais ouvir esse barulho todo em torno da autenticidade. "Autenticidade é uma palavra da moda", ela reclamou recentemente. "Às vezes, fico angustiada com a ideia de todos serem autênticos. Pelo amor de Deus! Isso significaria que todos os homens e todas as mulheres sempre se mostraram e se comportaram como se sentem em seu íntimo. Não só amigáveis, inteligentes e prestativos, mas, por vezes, também extremamente repugnantes, traiçoeiros, cruéis, estúpidos e totalmente indiferentes".

Assim, (quase) todos nós buscamos esse tipo de autenticidade inabalável. Quando achamos que não estamos nos comportando de forma autêntica, não nos sentimos bem. Temos a impressão de estar mentindo ou enganando, de trair os nossos próprios princípios e, portanto, a nós mesmos. Ser infiel a si mesmo gera um sentimento desagradável. Isso também ajudou a trazer para a psicologia a ideia da autorrealização, nos meados do século XX. O primeiro a fazer isso foi Abraham Maslow, o fundador da psicologia humanista, em 1954. A autorrealização, dizia ele, é a mais nobre das necessidades humanas. Ela se encontra no topo; é, de certa forma, a coroa da vida, quando todas as outras necessidades – desde alimentação, segurança, amor, pertença, até reconhecimento e valorização – estão satisfeitas. No entanto, Maslow nunca afirmou que, para isso, as pessoas precisariam descobrir o seu si-mesmo e o seu núcleo verdadeiro. Ele simplesmente acreditava que, quando todas as necessidades básicas do ser humano estiverem satisfeitas, nasce no ser humano uma inquietude e insatisfação. Então ele busca desenvolver seus talentos e potenciais. O ser humano quer avançar na vida e dar um sentido a ela. Na década de 1950, as pessoas na Europa e nos Estados Unidos ainda tinham muitas outras preocupações, mas não demorou e o conceito de Maslow recebeu muita atenção e foi interpretado de outras formas.

Nas décadas de 1960 e de 1970, as ideias da autorrealização se encaixavam perfeitamente no conceito dos jovens que estavam se rebelando contra o mofo e as mentiras da geração de guerra de seus pais, que tinham se comportado de modo tão antissocrático. Afinal de contas, muitos tinham traído os princípios da humanidade para sobreviver na ditadura. Por isso, os jovens revoltados buscavam, na sociedade tão rígida como hipócrita do pós-guerra pela libertação, por novas ideias e ideais que eles queriam seguir. E não demorou e a autorrealização se transformou em algo mais: autodescoberta, a busca pelo próprio eu verdadeiro.

Mas o que é esse si-mesmo que acabamos encontrando após uma longa busca – por exemplo, através da meditação, do abandono do estilo de vida tradicional ou seguindo caminhos novos e se despindo das batinas mofadas? Aquilo que acreditamos encontrar dentro de nós e que enchemos com ideais não possui alternativa? Vale fazer essa única descoberta, seguir este único caminho? "Aqui estou e não posso ser diferente", Martinho Lutero teria dito, quando o imperador e a igreja em Worms lhe deram uma última chance de revogar suas teses incendiárias. Mas o reformador – como já Sócrates muito antes dele – preferia arcar com as consequências de suas ideias revolucionárias a se distanciar delas. Provavelmente, ele nunca disse essas palavras famosas, mas sabemos que ele não via outro caminho senão este, que ele acreditava não poder fazer outra coisa: "Por isso não posso nem quero revogar nada, pois fazer algo contrário à consciência não é seguro nem saudável", disse Lutero. Aparentemente, ele acreditava que, se ele abandonasse as suas convicções, ele trairia também a si mesmo. Será que – quando queremos ser totalmente "nós mesmos" – realmente não podemos agir de outra forma?

Podemos sim, afirma o psicanalista Paul Verhaeghe da Universidade de Gent: "Como seres humanos, nós sempre temos a escolha". Quando somos sinceros conosco mesmos, admitimos a nós mesmos: nós não somos tão constantes e consistentes quanto queremos acreditar que somos. Uma pessoa generosa e empática certamente dá um trocado ao mendigo na calçada. Mas existem também dias em que ela não quer fazer isso, porque está de mau humor, porque está chovendo, porque a conta bancária está no vermelho naquele momento, porque ela quer se isolar de todo mundo e não deseja ter contato com ninguém ou porque ela mesma acabou de ser tratada de forma desagradável.

Onde está nesses momentos o eu supostamente tão generoso? Ele se escondeu ou foi raptado por uma força estranha? Ou será que ele está brigando com outra parte do nosso eu, um eu igualmente social, porém mais intelectual, que lhe diz que dar esmolas só solapa as obrigações do estado social ou financia os bandos de mendigos organizados? Em todo caso, normalmente permanecemos fiéis à nossa avaliação de nós mesmos, embora, se fizéssemos uma análise mais cuidadosa, sempre poderíamos encontrar também argumentos contrários à imagem que temos de nós mesmos. Mesmo quando constatamos que, por vezes, não somos nem um pouco generosos, continuamos convencidos de que o somos. No fundo... Na maioria das vezes... Só agora que não... Excepcionalmente... Nós cultivamos essa imagem que construímos de nós mesmos e a defendemos com unhas e dentes – se necessária também contra as evidências ao contrário.

O ser humano esclarecido – ele busca o seu eu. Pois ele lhe confere estabilidade num mundo complexo e confuso, ele lhe ajuda a encontrar seu lugar na vida, e lhe diz: você é algo singular, em suas maneiras de se comportar, em seus sentimentos, em suas decisões, você é diferente dos outros. Você é um indivíduo. E isso é verdade. "No fim das contas, identidade é a consciência de que o ser humano possui suas particularidades", afirma a psicóloga austríaca Eva Jaeggi, que lecionou durante muitos anos na Universidade Técnica de Berlim. A partir do momento em que uma criança reconhece pela primeira vez o seu próprio reflexo no espelho, ela desenvolve uma curiosidade em relação a si mesma. Ela se observa quando está com raiva, quando se comporta, quando chora (coisa que gosta de fazer especialmente na frente de um espelho). Ela quer conhecer a si mesma em todos os seus aspectos e se comparar com as outras pessoas. Diariamente ela descobre algo novo sobre si mesma, faz constatações novas e assim começa a formar uma imagem de si mesma que ela entende como o seu eu. "Já no ser humano pequenino surge uma noção de que ele é algo individual, algo que também consegue se defender contra algo diferente", explica Jaeggi. "Eu sou diferente dos outros" – e é exatamente essa a essência daquilo que as pessoas sentem também na idade adulta quando refletem sobre si mesmas. A partir daquele primeiro momento infantil na frente do espelho, nós nos observamos a vida inteira e trabalhamos na nossa autoimagem. Afinal de contas, o ser que vimos no espelho como criança pequena se transforma constantemente. Ele faz experiências e conhece outras pessoas, que diariamente exercem uma influência sobre aquele pequeno eu em desenvolvimento (cf. *A medição da alma*, p. 90). Assim ocorrem constantemente pequenas alterações quase imperceptíveis, às vezes, porém, também correções maiores. E, às vezes, ocorre uma virada dramática – quando vivenciamos algo que muda a nossa vida.

Depois de um evento desse tipo, algumas pessoas dizem que se sentem como recém-nascidas, que agora são pessoas totalmente diferentes de antes, que sua identidade antiga praticamente deixou de existir. Os especialistas chamam isso de "experiência de Damasco", segundo a transformação de Saulo, o perseguidor de cristãos, que, a caminho de Damasco, se converteu no cristão Paulo, porque teria tido um encontro com o Jesus ressurreto naquele momento. Nem sempre esses eventos são tão dramáticos. Às vezes, muda apenas a postura em relação à vida – por exemplo, após um acidente grave, que nos abre uma nova visão da nossa existência e da nossa vulnerabilidade, depois de uma doença ameaçadora, depois de uma separação dolorosa. Ou quando o pai nos ameaça com um futuro como sapateiro.

Ao todo, as pessoas mudam em medida surpreendente ao longo dos anos. As nossas preferências mudam, muda o nosso jeito de viver, mudam as coisas que são importantes para nós e muda também, é claro, a nossa aparência. Até o nosso cérebro e nossos genes sofrem mudanças – eles possuem, diferentemente do que os cientistas acreditaram por muito tempo, uma plasticidade considerável. Resultados de pesquisas recentes mostram que o cérebro consegue formar células novas e, portanto, novas conexões até na idade adulta, com o potencial de influenciar o nosso pensamento e a nossa consciência. E nos genes ocorrem, devido aos processos epigenéticos já mencionados acima, alterações moleculares constantes, e algumas delas podem exercer uma influência duradoura sobre o nosso comportamento. Ao longo dos anos, resulta de tudo isso uma capacidade de mudança imensa.

No fundo, portanto, é como diz Heráclito: *Panta rhei*, tudo flui. Nós entramos no mesmo rio que já não é mais o mesmo, nós também já não somos mais os mesmos. Assim como o mundo, o ser humano também está sempre em movimento e se reconstrói o tempo todo. Werner Greve afirma que a experiência própria não é o olhar voltado para dentro. Na verdade, a experiência própria nada mais é do que uma metáfora para um processo de construção do eu altamente complexo e contínuo.

Baseando-se nisso, o filósofo Thomas Metzinger até chega a tirar a conclusão: eu sou "ninguém". Mas isso também não faz jus ao eu do ser humano. Mesmo que nos mudemos constantemente, mesmo que estejamos sempre em fluxo, nós temos uma consciência de que somos um indivíduo: como o fluxo da vida, o Rio Reno, por exemplo, também muda constantemente. "O Rio Reno de ontem não é mais o Rio Reno de hoje", explica Greve. Ele altera seu leito, sua água sofre uma troca constante. Mesmo assim, ninguém afirmaria que, hoje, o Rio Reno se parece um pouco com o Danúbio. Ele continua sendo o Reno. Isso vale para as pessoas – para a sua personalidade e o seu fluxo de vida.

Eu sei exatamente que fui eu quem viajou com a amiga pela Sibéria 25 anos atrás. Eu sei que, dez anos atrás, fui eu que me deitei nos trilhos de trem para bloquear o transporte de lixo atômico numa demonstração contra energia nuclear em Gorleben. Eu sei que, em algum momento no passado, eu tive um gato chamado Pedro e por quem eu me apaixonei. E mesmo sabendo ou suspeitando que nós nos mudamos consideravelmente em algumas das nossas propriedades, domina em nós a sensação de termos permanecido a mesma pessoa durante toda a vida. Temos uma história ininterrupta.

O cérebro: um grande contador de histórias

Mas o fato de sermos a mesma pessoa não significa que temos a mesma personalidade como aquele aluno, aquela aluna de então. Pois as circunstâncias exatas, os inúmeros detalhes, nossos ideais e objetivos que tínhamos na época e também os sentimentos que tínhamos, tudo isso foi submetido a uma reforma. E durante essa reforma, nós reconstruímos as nossas lembranças de acordo com as nossas necessidades, para que possamos continuar a nos convencer: Este fui eu e continuo sendo a mesma pessoa. Para que possamos convencer a nós mesmos: na época, eu não pude agir de outra forma e continuo não podendo agir de outra forma. Mas mesmo que nos lembremos aos 30, 50 ou 70 anos de idade com grande certeza de como nós já defendíamos os direitos de outros na nossa juventude e de que nosso maior desejo era fazer uma viagem ao redor do mundo, nós não somos mais os mesmos. Pois nós nos esquecemos dos eventos do passado que contrariam a nossa autoimagem de hoje. Ou nós os inserimos na história do nosso eu de tal forma que consigam explicar o nosso eu de hoje. Pois o que funciona ainda melhor do que a nossa memória é o programa de enobrecimento do passado que a acompanha e que faz com que nos esqueçamos de lembranças dolorosas e, por exemplo, banha em luz dourada a nossa infância, contanto que não tenha sido tão terrível. Inúmeros estudos mostraram que as nossas lembranças iluminam o nosso passado de modo extremamente seletivo e que nós as adaptamos constantemente. E assim mentimos a nós mesmos sobre o nosso passado – e, portanto, sobre o nosso eu no passado. Nossa memória seletiva altera o nosso passado de tal forma a harmonizá-lo com a nossa vida atual.

O que me interessa o que eu disse ontem da boca pra fora? O cérebro diz isso a si mesmo o tempo todo. E é verdade: nós mal nos lembramos de tudo aquilo que dissemos ontem. Quando mudamos nossas opiniões, nós não nos conscientizamos disso, mostraram os norte-americanos Michael Wolfe e Todd Williams com um experimento que foi bastante convincente – mesmo que o tema tenha sido bem desagradável. Os dois psicólogos perguntaram, online, a

548 pessoas qual era sua opinião sobre a punição corporal de crianças. Os psicólogos não estavam interessados em questões morais. O tema não era se é lícito bater em crianças e quais poderiam ser as consequências disso para o seu desenvolvimento. O tema da pesquisa era somente se uma surra podia ajudar a alcançar objetivos educacionais. Os entrevistados deveriam responder de forma direta e espontânea, sem refletir sobre o assunto. Foi apenas após expressarem a sua opinião de forma irrevogável que 128 dos entrevistados receberam informações.

Poucas semanas depois da entrevista pela internet, eles leram um texto que fornecia argumentos em prol ou contra a eficácia da punição corporal como instrumento educacional. Esses argumentos influenciaram de maneira medível a opinião dos entrevistados: aqueles que antes tinham afirmado que a punição corporal era um bom instrumento para melhorar a disciplina de crianças, de repente passaram a se opor à violência após terem sido confrontados com a opinião contrária; aqueles, por sua vez, que antes não tinham conseguido reconhecer nenhum mérito numa boa surra permitiram que fossem radicalizados por argumentos contrários. E, no fundo, não há nada de errado em deixar-se convencer por bons argumentos. A coisa só ficou vergonhosa para os participantes na segunda parte do estudo: perguntaram a eles qual opinião eles tinham defendido antes da leitura do texto. O resultado chocante: a maioria estava absolutamente convencida de que tinham defendido sua opinião atual desde sempre e que não tinham sido influenciados pelo texto – por mais que sua postura em relação ao assunto tivesse mudado.

Então mentimos a nós mesmos porque não queremos admitir a nós mesmos que cometemos erros? Não, acreditam Wolfe e Williams unanimemente, esse tipo de embelezamento do passado não é uma autoenganação consciente. O fato é simplesmente que um ser humano se lembra mais rapidamente daqueles argumentos que leu ou ouviu por último do que de pontos de vista mais antigos. Por isso ele os aceita com maior facilidade. "Aquilo que lembramos sem esforço parece ser bom e certo", diz Wolfe. Quando alguém pergunta qual era a opinião que tínhamos antes, a primeira coisa que nos vem à mente é a postura atual; e o cérebro tem a impressão de sempre ter defendido essa opinião.

Isso não vale somente para um desempenho cognitivo, como a postura em relação a um tema difícil, por exemplo. A nossa autoavaliação objetiva também não é lá grande coisa. Já muito tempo atrás, os psicólogos Cathy McFarland e Michael Ross perguntaram às pessoas quão satisfeitos haviam sido com o primeiro encontro, e quão feliz era o seu relacionamento cinco anos atrás. As respostas pouco dependiam de como as pessoas realmente estavam se sentindo em seu relacionamento com seus parceiros na época. O que determinava sua resposta era se os casais estavam felizes ou não em seu relacionamento agora. Cada momento que passou pode ser narrado posteriormente de tal forma que ele se insere de modo perfeitamente lógico no plano de vida atual, e que ele apoia a história que a pessoa gosta de contar sobre si mesma neste momento. "Não há nada de autêntico nisso", afirma o cientista cognitivo e de literatura Fritz Breithaupt. As lembranças de momentos passados só nos parecem autênticas porque, de alguma forma, elas parecem servir para a explicação do nosso comportamento atual. E elas servem porque nós as adaptamos. Já no instante seguinte, a mesma lembrança pode parecer irrelevante. Não é só nosso presente que muda constantemente, nosso passado também está em fluxo.

"Nosso cérebro é um contador de histórias extraordinário, ele é mestre em usar até mesmo contradições gritantes para tecer uma história coerente", afirma o neurologista e neurocientista David Eagleman, diretor do Laboratory for Perception and Action no Baylor College of Medicine, em Houston (Texas). Pois histórias ajudam a dar sentido a informações confusas, isso ajuda o cérebro a organizá-las. "Assim nós nos contamos o tempo todo contos de fadas", explica Eagleman. E o eu também é um conto de fadas, "uma ficção inventada pelo cérebro por razões pragmáticas".

Na verdade, não conseguimos nem mesmo fazer uma avaliação realista de nós mesmos. A imagem do nosso próprio eu é altamente distorcida. Em comparação com a realidade, nós costumamos nos ver principalmente de maneira muito mais positiva. Inúmeros estudos mostraram que nós costumamos nos apresentar a nós mesmos numa luz favorável. Se formos psiquicamente saudáveis e não duvidarmos excessivamente de nós mesmos, tenderemos a atribuir sucessos aos nossos próprios esforços, fracassos, porém, às circunstâncias. A ciência fala de *self-enhancement* (autovalorização). Isso vale igualmente para homens e mulheres, mesmo que as mulheres tendem a atribuir seus sucessos com frequência mais à sua equipe do que a si mesmas e desvalorizar a sua contribuição com frequência assustadora, ao mesmo tempo em que encontramos a tendência contrária entre os homens.

Hoje em dia, os cientistas até acreditam que uma valorização própria moderadamente excessiva é necessária para uma psique saudável: as "ilusões positivas" fortalecem a nossa satisfação e a nossa autoimagem, afirma a psicóloga social Shelley Taylor. É provavelmente por isso que nós costumamos nos achar melhores do que os outros – e não importa a área em que atuamos. Estudantes, por exemplo, acreditam ser líderes melhores do que seus colegas e, além disso, acham que possuem uma competência social maior e que suas habilidades de expressão são melhores do que as dos outros. Executivos acreditam que são mais capazes do que o "executivo típico", e jogadores de futebol têm certeza de que possuem uma compreensão do jogo melhor do que o resto do seu time. Nem é preciso mencionar que 85% dos motoristas alemães avaliam suas habilidades atrás do volante como sendo acima da média. E são justamente os motoristas, homens jovens, os causadores do maior número de acidentes, que têm a maior autoconfiança. Sob um ponto de vista puramente estatístico, é até possível que grande parte de um grupo seja melhor do que a média – contanto que alguns membros sejam tão ruins que afetem a média terrivelmente. Se você entrevistar 85 atletas profissionais e 15 pacientes que acabaram de se submeter a uma cirurgia ortopédica e perguntar como eles avaliam as suas habilidades na pista de corrida, a afirmação "Eu sou melhor do que a média" pode realmente ser verdadeira no caso dos 85 atletas que participam regularmente de competições internacionais. No entanto, é mais do que duvidoso que esse tipo de estatística confirme também a autoavaliação dos motoristas alemães.

As ilusões positivas são desmascaradas, definitivamente, quando investigamos qualidades que podem ser medidas. Quando pedimos que as pessoas nos deem uma estimativa de sua própria inteligência, elas costumam acreditar que têm um QI (bem) mais alto do que os testes acabam revelando: em média, acreditam ter um QI 14 pontos acima do valor real, o que é uma diferença considerável se levarmos em conta que 100 pontos são definidos como inteligência mediana, que uma pessoa com um QI acima de 130 pontos é considerada um gênio e que um QI de 70 ou menos indica uma deficiência mental.

Nós nem conseguimos fazer uma avaliação realista do nosso comportamento, apesar de se tratar de algo que deveríamos ter sob o nosso controle. Não importa o que um ser humano responda a uma pergunta moral do dia a dia – não devemos acreditar que ele se comportará de acordo com sua declaração, explica Martin Kocher da Universidade de Viena. Ele e seus colegas perguntaram a 300 pessoas se elas devolveriam o dinheiro se determinada quantia à qual elas não têm direito fosse erroneamente depositada em sua conta bancária. Um ano depois, o fato se deu: as pessoas realmente encontraram muito dinheiro em sua conta e receberam uma mensagem com o pedido de devolver a quantia. Agora a realidade desmascarou como avaliação equivocada as declarações feitas um ano antes: mais ou menos um terço das pessoas se comportou de forma contrária à sua previsão: muitos não devolveram o dinheiro, apesar de terem acreditado que o fariam; um número semelhante de pessoas, porém, devolveram a quantia que, de acordo com sua própria teoria, elas não pretendiam devolver.

Tudo é uma questão de interpretação

Além do *self-enhancement*, do eu embelezado, temos ainda outras estratégias em nosso arsenal que nos permitem ser misericordiosos conosco mesmos e que nos ajudam a preservar a linda ilusão do nosso eu. Werner Greve chama isso de "mecanismos de defesa contra ameaças à identidade". Quando somos confrontados com verdades das quais simplesmente não podemos nos esconder, nós ativamos a "autoimunização". Ela nos permite interpretar as coisas a nosso favor. Suponha que você sempre teve orgulho da sua memória excelente. Agora, na idade avançada, somos obrigados a admitir que a nossa memória está enfraquecendo porque, às vezes, não conseguimos mais lembrar do nome de algum político famoso ou do amigo do nosso filho ou porque precisamos de uma lista de compras quando vamos ao supermercado. Normalmente, não aceitamos isso com facilidade. Mas a fim de proteger a nós mesmos, fazemos algo mais: nós simplesmente redefinimos o que seria uma boa memória aos nossos olhos: "Tenho mais o que fazer. Não vou gastar meu tempo me lembrando de banalidades", dizemos a nós mesmos, "agora sempre anoto as coisas no celular. Se eu passar no supermercado quando estiver a caminho de casa sempre saberei o que preciso comprar, pois o celular está sempre comigo". Ao mesmo tempo, nós nos asseguramos de nossa capacidade tão prezada, dizendo a nós mesmos: "eu ainda sei toda a letra daquela música do Djavan e ainda consigo recitar alguns poemas da Clarice Lispector que decoramos na escola. "Eu sempre tive uma memória excelente".

Mas isso não é tudo: quando nem mesmo os métodos da autoimunização conseguem salvar uma convicção, o nosso cérebro nos oferece outros truques. Ele não se contenta com a redefinição de uma boa memória, ele também redefine o que isso significa para nós. Criamos uma nova identificação. A importância de uma boa memória é exagerada, dizemos a nós mesmos. E as anotações no celular mostram: eu sou uma pessoa com talento de organização, aliás, tecnologias novas não me assustam. Além disso, e foi a vida que me ensinou isso, é muito mais importante ser uma pessoa confiável e aberta aos tempos modernos do que conseguir lembrar coisas banais. E, sim, é verdade, eu realmente sou uma pessoa aberta para coisas novas.

Em vez de admitir que nossa personalidade é altamente mutável, nós simplesmente a redefinimos. Fazemos isso, especialmente, quando ocorrem desenvolvimentos dramáticos, que ameaçam a nossa autoimagem, como constatou Jochen Brandtstädter, detentor da cátedra de Psicologia do Desenvolvimento na Universidade de Trier e autor da obra de referência *Zur Psychologie gelingender Lebensführung* [A psicologia de um estilo de vida bem-sucedido]. Quando, por exemplo, uma doença nos deixa somente a lembrança do nosso corpo saudável e bem-treinado do passado ou quando reconhecemos que deixamos de ter o mesmo êxito na nossa profissão como antigamente: então somos forçados a nos despedir de convicções prezadas e fazemos uma reavaliação do nosso eu. E quando reagimos de forma saudável a esses desafios e não desanimamos por causa disso, pensamos: "Todas essas coisas são irrelevantes. Eu sempre fui uma pessoa que dá importância também a valores internos". Ou: "Sucesso no trabalho? É bom ter sucesso, mas não à custa da família. Ela é muito mais importante para mim". Esses tipos de reavaliações são inteligentes: eles nos deixam mais satisfeitos e aumentam a aceitação. Ao mesmo tempo, contribuem para a sensação de continuarmos a ser aquele que sempre fomos.

Para entender o que fazemos com a nossa autoimagem e como a manipulamos todos os dias, basta ouvir o que os outros dizem. Muitas vezes, eles têm a visão melhor. Quando avaliamos nosso QI, por exemplo, nossos colegas e conhecidos costumam se aproximar bastante da verdade, porque sua avaliação não é afetada pelas expectativas ao si-mesmo. Por isso, sugiro que, de vez em quando, você peça a opinião de pessoas não tão próximas. Você não deveria perguntar aos seus amigos mais próximos, pois normalmente nós preferimos interagir com pessoas que têm um pensamento semelhante ao nosso e que consideramos simpáticas. Elas reconhecem menos os desvios da realidade do eu que nós construímos e acabam solidificando conosco a imagem que temos de nós mesmos. Pessoas de fora, porém, registram coisas que nós não queremos admitir. Elas percebem que, às vezes, perdemos a paciência facilmente ou que reagimos de forma muito mais inteligente do que nós mesmos imaginamos. Assim, elas ajudam a esclarecer os pontos que nós não enxergamos. "Os pecados dos outros estão diante dos nossos olhos, mas damos de costas aos nossos próprios", escreveu o filósofo romano Sêneca. Às vezes, isso pode até salvar vidas. Estudos mostraram que parentes próximos conseguem reconhecer melhor os indicadores físicos de um ataque cardíaco do que a própria vítima. Quanto medo, raiva e isolamento uma pessoa manifesta? Pergunte ao seu cônjuge.

"É como eu sou" – essa é, portanto, uma ilusão tão grande quanto "Eu sempre pensei assim" ou "Esse sempre foi o meu objetivo". Mesmo assim, hesitamos em aceitar isso. Nós negamos nossas mudanças e, em segredo, continuamos fazendo ajustes na nossa personalidade – muitas vezes de forma inconsciente. Seria possível, então, que a busca por si-mesmo faça parte da natureza do ser humano? Precisamos do eu como elemento que nos dá sentido? É mais provável que não. Pois o "eu" é uma invenção relativamente nova. Foi mais ou menos em 1770 que as pessoas começaram a definir sua existência como algo subordinado ao conceito do "eu", como explica Fritz Breithaupt. O compositor Johann Sebastian Bach, que viveu de 1685 a 1750, e ainda não sofreu a influência dessa época que venerava o gênio como imagem primordial do ser humano superior e do artista, "sempre mudava de tema quando alguém queria falar do seu gênio", explica Breithaupt. Bach sempre dizia que era um "dom de Deus".

Nos anos do *Sturm und Drang* (período literário romântico, mais ou menos 1760-1780) o "eu" se tornou uma expectativa que precisava ser realizada. Agora, pela primeira vez, as pessoas buscavam sua realização: os primeiros aventureiros extremos exploraram os Alpes, o amor adquiriu seu elemento romântico, a vida boêmia do artista foi transfigurada sentimentalmente. Em tom julgador, Jean-Jacques Rousseau constatou em 1774: "O selvagem vive em si-mesmo; o ser humano social vive sempre fora de si-mesmo e só sabe viver a opinião dos outros". Sua exigência: as pessoas cultas deviam ouvir seu si-mesmo e se concentrar naquilo que lhes é ordenado pelo seu íntimo.

Mas não é verdade também que na entrada que levava ao oráculo de Delfos estava escrito "Conhece-te a ti mesmo"? Sim, vários autores da Antiguidade relatam isso. Mas esse *Gnothi seauton* certamente não foi escrito no espírito da autorrealização de hoje, no sentido de que a pessoa deve buscar a si mesma e permanecer por toda a eternidade aquilo que ela encontra em sua busca. O que o oráculo queria dizer era que cada um deveria se conscientizar de suas limitações e de sua fugacidade. Cada um deve estar ciente da vulnerabilidade física e psíquica do ser humano, escreveu Sêneca. Só poucos autores forneceram uma interpretação positiva. "Conheça suas possibilidades e então desenvolva e se torne o melhor que lhe é possível", escreveu Cícero. "Seja uma imagem de Deus".

Logo após vir ao mundo, a ideia do eu perdeu seu ímpeto após o *Sturm und Drang*. No período burguês e conservador do *Biedermeier*, indivíduos brilhantes não estavam em moda. E no início do século XX o eu ressurgiu principalmente no plural. No lugar de um si-mesmo fundador de identidade, as pessoas começaram a criar ídolos que lhes conferiam identidade. Elas já não precisavam mais conquistar um eu, afirma Breithaupt, "bastava venerar algum outro". A estrela de cinema, o atleta de classe mundial ou o *Führer* nacional-socialista funcionaram como substitutos do próprio eu. "O grupo era uma zona sem eu".

Breithaupt conclui disso que o eu, contrário ao que muitos supõem, não é uma necessidade psicológica. O ser humano não precisa de um eu, ele pode muito bem viver sem ele. "Pode até ser principalmente um fenômeno da nossa história cultural ocidental, que nutre em nós essa expectativa da individualização", explica ele. Talvez queiramos sempre mostrar nosso eu e destaquemos os nossos sucessos no trabalho e nos relacionamentos apenas por este motivo: queremos que os outros vejam que nós somos algo especial.

No fim das contas, o si-mesmo nada mais é do que uma construção nossa. A cada momento, continuamos a construí-lo em cooperação ou em oposição ao nosso ambiente, e tratando o nosso passado sem o menor respeito. Nós o polimos, o fazemos brilhar e o ampliamos e, às vezes, fazemos uma reforma total.

Margaret King e Jamie O'Boyle, do Center for Cultural Studies & Analysis na Filadélfia, estudaram a extensão da mutabilidade dessa autoconstrução. Elas constataram: a imagem que uma pessoa tem de si mesma muda mais ou menos a cada vinte anos. A primeira reconstrução do eu construído na infância ocorre na adolescência, mas não acaba por aí. Já na meia-idade, entre os 35 e 40 anos de idade, somos acometidos pela próxima crise de identidade. Nós nos perguntamos novamente onde estamos na vida, pois reconhecemos o quanto mudou ao nosso redor e dentro de nós. "Pessoas que acreditávamos ser nossos amigos para sempre, de repente se tornam menos importantes", escrevem King e O'Boyle. E nisso a perspectiva muda: na juventude, nós nos orientamos por modelos e tentamos nos adaptar a eles e nos inserimos num grupo, mas agora nós nos perguntamos frequentemente: "O que combina comigo?" Algo semelhante acontece entre os 55 e 60 anos de idade, quando voltamos a fazer um inventário da nossa vida. E depois dos 75 anos de idade, nós nos perguntamos se tudo o que fizemos, pensamos e decidimos nas últimas décadas nada tinha a ver com nossos próprios interesses ou se conseguimos fazer as pazes com a forma como vivemos a nossa vida.

"Sempre que as pessoas alcançam essas fases de transição, elas avaliam suas identidades, seus relacionamentos e sua vida – tudo aquilo que compõe a sua integridade social", escrevem King e O'Boyle. "Elas descartam o que lhes parece falso, fingido e imposto, e se agarram àquilo que consideram autêntico". O autêntico, porém, é redefinido com frequência. Opiniões nas quais acreditávamos com toda a nossa força são repentinamente declaradas absurdas e substituídas por outras. Uma pessoa que até então acreditava ser um ser humano solidário, declara agora: "Eu só quero que eu fique bem" – e muitas vezes a contradição é simplesmente ignorada ou negada.

O eu maleável

Por isso, Sam Sommers, professor de Psicologia Social, ri quando ouve que devemos "encontrar a nós mesmos". Ele pesquisa como as pessoas agem – e até que ponto o seu comportamento é inato. E ele chega ao mesmo resultado: "Nós não temos um caráter estável". A identidade é muito maleável, e preferências pessoais podem surgir no momento respectivo. Sommers afirma que a ação pela qual optamos, o nosso comportamento, a natureza que revelamos em determinado momento – tudo isso depende principalmente da situação. "*Situations matter!*" Nós vemos o nosso comportamento como uma característica essencial da nossa identidade, mas, no fim das contas, ele nada mais é do que um reflexo às circunstâncias externas. Muitas vezes, aquilo que fazemos em um momento específico é determinado menos por nosso caráter e mais pela companhia em que estamos, por nosso humor atual ou se estamos com pressa ou não. "Acredito que a personalidade é superestimada quando tentamos explicar o nosso comportamento ou o das pessoas do nosso convívio", afirma Sommers. Muitas vezes, não conseguimos nem justificar por que estamos fazendo algo naquele momento – por que decidimos resolver uma tarefa com afinco em determinado momento ou preferimos nos entregar ao ócio. Nossa preferência por férias na praia? A decisão de terminar uma amizade? "Na maioria das vezes, não sabemos por que damos preferência a determinada decisão em determinado momento", explica o professor.

Às vezes, coisas minúsculas exercem uma influência surpreendente: Sommers se surpreendeu ao ver com que facilidade ele conseguia confundir os seus alunos com um simples experimento: "Quando pedimos que alunos da faculdade de etnias diferentes solucionem problemas em grupos mistos e lhes dizemos que queremos ver se conseguem cooperar, eles consideram essas tarefas mais preocupantes e mais exaustivas em termos cognitivos do que em grupos homogêneos", conta ele. Provavelmente, assim acredita Sommers, sob essas circunstâncias, os alunos tentam passar uma boa impressão. Não querem dizer nada que possa ser interpretado como racista. A consequência é: eles são menos calorosos e espontâneos e se distraem com maior facilidade. Mas quando os alunos são informados de que o trabalho em grupo serve para medir a sua eficiência e que eles receberão mais dinheiro se trabalharem de forma especialmente concentrada, então os resultados dos grupos mistos tendem a ser até melhores do que nos grupos etnicamente homogêneos. Ironicamente, os participantes se acham até mais simpáticos depois do trabalho.

Ou seja, as pessoas se adaptam às circunstâncias. E quando acreditam que a situação o exige, elas renegam até as colunas mais importantes de sua identidade – seus ideais. Há muitos anos, foi feito um experimento, um tanto traiçoeiro, na Universidade de Princeton. Os cientistas pediram a algumas pessoas que se prontificaram a participar do teste que fizessem uma curta palestra em outro prédio do campus. À beira do caminho, estava sentado um homem em estado lamentável. Suas roupas estavam rasgadas, ele não parava de gemer e suscitava a impressão de que precisava urgentemente de ajuda. As cobaias do teste pouco se importaram com isso. Somente seis entre dez prestaram ajuda à figura miserável. E quando eram instruídos a se apressar quando estivessem a caminho da palestra, somente um de dez parou para falar com o coitado. Um resultado chocante? Quando ficamos sabendo de toda a verdade, a coisa não fica melhor. Pois as pessoas que participaram do teste não eram pessoas quaisquer. Eram seminaristas, futuros padres – e o tema de sua palestra era: "O bom samaritano".

Algo tão irrelevante como pressa basta, portanto, para transformar um jovem religioso em um executor de ordens sem empatia. Mas o ser humano é capaz de fazer muito mais do que contradiz à sua humanidade. O experimento Milgram trouxe isso à luz na Universidade de Yale, em 1961. Nesse experimento famoso do psicólogo norte-americano Stanley Milgram, pessoas absolutamente normais se dispuseram a maltratar outras pessoas com choques elétricos dolorosos, quando seu suposto professor assim as ordenava e as convencia de que estavam prestando um serviço à ciência. Elas não sabiam que o aparelho era falso e que estavam lidando com atores, mesmo assim castigavam seus "alunos", sem compaixão, com choques elétricos cada vez mais fortes, quando eles não conseguiam se lembrar de um conjunto de palavras. Dois terços dessas pessoas aumentaram a voltagem até 450 volts, mesmo quando seu aluno gritava de dor e dizia sofrer de uma doença cardíaca. Bastava que um suposto cientista as confirmasse em suas ações.

Bem, você poderia objetar, esse estudo é muito velho e não possui mais nenhuma validade nos dias de hoje. As pessoas do século XXI certamente não obedecem a ordens de autoridades sem questioná-las, como no início da década de 1960. Sim, isso seria reconfortante. Mas não é bem assim, como mostrou o psicólogo Jerry Burger, em 2009: em seu estudo intitulado de "Reprodução de Milgram: as pessoas obedeceriam ainda hoje?" ele repetiu o experimento de seu famoso precursor e constatou: os resultados eram praticamente idênticos. As cobaias se submeteram e se dispuseram a ser torturadores na mesma medida como haviam feito meio século antes.

Já Milgram tinha mostrado o quanto a vontade de obedecer depende de fatores externos. Quando o experimento não era feito na Universidade, mas num prédio comercial, só a metade das cobaias aumentava a voltagem até o nível máximo. Quando o cientista passava suas instruções pelo telefone, só um quinto continuou até o fim. E quando dois outros professores estavam presentes e discutiam se era correto continuar ou não, apenas um décimo das cobaias aplicava choques elétricos com a máxima voltagem.

Admito, porém, que, na vida real, raramente uma pessoa se encontra na situação de fazer coisas tão terríveis a serviço da ciência, que desmascaram seu "eu verdadeiro" humanista como uma grande mentira. Voltemos então para o nosso mundo de vivência real, que, assim esperamos, não é determinado por métodos de tortura e professores sem consciência. No entanto, aqui o nosso caráter está igualmente à mercê das circunstâncias externas. E, às vezes, essas circunstâncias são assustadoramente triviais. Às vezes, basta um cheiro sedutor. Os cientistas da equipe do psicólogo Robert Baron demonstraram isso num estudo em que estranhos perguntaram a pessoas do mesmo sexo se elas trocariam uma cédula de um dólar. Quando isso acontecia na frente de uma loja de roupas totalmente comum, apenas 20% das pessoas se dispuseram a ajudar. Mas a disposição das pessoas aumentava consideravelmente quando um cheiro agradável entrava em jogo: quando o pedido era feito na frente de uma cafeteria ou na frente de uma padaria, de onde saía o cheiro de pão fresco, 60% das pessoas pegavam sua carteira e procuravam o troco. Um cheiro agradável melhora o humor, os psicólogos deduziram de seus experimentos. E uma pessoa que está bem-humorada é mais prestativa. Até mesmo a visão que temos de nós mesmos é influenciada por externalidades banais. Circunstâncias externas chegam até a ter uma influência sobre as propriedades de caráter que atribuímos a nós mesmos. O tipo de roupa que vestimos, por exemplo, forma a nossa autoimagem – mesmo quando nós não escolhemos a nossa roupa pessoalmente porque somos obrigados a corresponder a convenções sociais. Bettina Hannover, da Universidade Livre de Berlim, demonstrou isso com seus experimentos engenhosos. Com razões inventadas, ela tinha convencido as suas cobaias a comparecerem em roupas informais ou à rigor. Assim que as cobaias chegavam, ela pedia que elas descrevessem sua própria personalidade – e as pessoas com roupas formais se descreviam como "cultas" e "corretas", enquanto as pessoas que estavam vestidas mais à vontade se achavam mais "relaxadas" ou "tolerantes".

Muito provavelmente essas atribuições valem até mesmo para este momento. Roupas realmente fazem pessoas: nós nos comportamos de maneira menos formal, quando vestimos roupas informais e nos comportamos de modo mais civilizado num terno que acaba de ser passado. Mas isso significa que estamos fingindo ser alguém que não somos? Ou seriam estes apenas aspectos de um eu que não é tão determinado e fixado quanto gostaríamos para sentir-nos seguros e nos certificar da nossa identidade? "Pessoas que se comportam de forma diferente do que o habitual são consideras desonestas", escreve o psicólogo social William Fleeson, ou seu comportamento é visto como nocivo. "Na verdade, porém, vivemos raramente em harmonia com aquilo que a nossa personalidade exigiria". A forma como nos comportamos e a pessoa que somos em determinado momento depende mais deste momento do que das propriedades que acreditamos ter.

Tipicamente atípico

Cada ser humano possui características de personalidade, que podem ser facilmente determinadas com a ajuda de questionários (cf. tb. *A medição da alma*, p. 90). Essas características são bastante estáveis ao longo da vida, mesmo que não tão estáveis quanto a ciência acreditava por muito tempo (cf. tb. *O amadurecimento da personalidade*, p. 67). Mesmo assim, na maior parte do dia, nosso comportamento não é nada "típico", ou seja, ele não é como esperaríamos com base em nossas propriedades de caráter. Pessoas desorganizadas, por exemplo, podem ser extremamente responsáveis de vez em quando, e pessoas extrovertidas podem ser também introvertidas e fechadas.

William Fleeson mostrou isso já muitos anos atrás. Na época, ele pediu que seus alunos anotassem durante três semanas e cinco vezes ao dia como tinham se sentido nas horas anteriores. O que o surpreendeu muito: as diferenças na personalidade que a mesma pessoa revelava ao longo do dia eram quase tão grandes quanto as diferenças entre pessoas diferentes. Cada ser humano é "flexível, dinâmico e capaz de reagir", deduziu o psicólogo e se concentrou em investigar mais a fundo os efeitos. Isso produziu resultados surpreendentes.

E alguns anos mais tarde, Fleeson pôde demonstrar: o quando e com que frequência nós agimos contra a nossa personalidade depende sobretudo da situação. Novamente, ele pediu que os alunos que participavam de seus experimentos anotassem várias vezes ao dia como eles tinham se sentido pouco antes. Quantas pessoas estavam com você?, ele os perguntou. Como foi a sua interação com os outros? Você decidiu suas ações por livre e espontânea vontade ou você se sentiu pressionado pelos outros? O quanto você gosta das pessoas que estavam presentes? Elas eram amigáveis? Antes de responderem às perguntas, eles tinham feito um teste de personalidade. E o resultado foi: seu comportamento real e os resultados dos testes eram, muitas vezes, diametralmente opostos. "Na maior parte do tempo, as pessoas se comportam *out of character*", deduziu Fleeson – fora de seu caráter. Alunos introvertidos, por exemplo, costumam ser extrovertidos quando estão com pessoas amigáveis. Pessoas mesquinhas se tornam extremamente eficientes e ignoram uma imprecisão ou outra quando precisam cumprir uma tarefa. E contemporâneos, pouco agradáveis, se tornam mais simpáticos, mais amigáveis e mais educados quando as pessoas os tratam de forma rude ou desagradável. Na presença de pessoas amigáveis, eles se comportam de maneira menos simpática e mais rude do que normalmente.

E se o nosso comportamento é tão influenciável, o que acontece com os nossos sentimentos? Pelo menos eles são honestos, autênticos e verdadeiros? Os mestres espirituais dizem aos seus discípulos que basta eles sondarem seus pensamentos e seus sentimentos para reconhecerem a si mesmos. Quando fazemos isso, somos influenciados constantemente, afirma Sommers. "Até mesmo a maneira em que lemos os nossos sentimentos pode ser ditada por um estranho na rua." A ciência já sabe disso desde que dois pesquisadores da Columbia University, Stanley Schachter e Jerome Singer, fizeram um experimento, em 1962. Os dois psicólogos disseram aos participantes do experimento que queriam testar os efeitos de uma substância chamada "suproxina", sobre a visão. Na verdade, todos os participantes do estudo receberam adrenalina.

Os efeitos da adrenalina são conhecidos: o hormônio de estresse aumenta o pulso, a frequência respiratória e a pressão arterial. Ela nos leva ao modo "Fuja ou lute" e nos torna agressivos ou eufóricos. Depois da injeção, os homens ficaram esperando pelo teste de visão, enquanto preenchiam um formulário. – Um formulário com perguntas bastante atrevidas, que nada tinham a ver com o objetivo do estudo. Afinal de contas, qual era a relevância para a pesquisa da capacidade de visão quando pediam que o participante do estudo informasse qual de seus parentes ele acreditava precisar de tratamento psiquiátrico? Outra pergunta era: a qual de seus parentes se aplica a afirmação "ele não toma banho nem se lava com regularidade?" E a última pergunta era: Com quantos homens (além do seu pai) a sua mãe teve relações extraconjugais? As respostas possíveis eram: dez ou mais, cinco a nove, quatro ou menos.

As cobaias, porém, não estavam sozinhas nesse teste atrevido: elas passaram o tempo na sala de espera com um homem que – assim pedia o experimento – reagia às perguntas ou de forma altamente agressiva ou com humor e deboche. E era esse homem que determinava como os participantes se comportavam. Quando o homem reclamava das perguntas como John McEnroe sobre os árbitros no auge de sua carreira, muitos rasgavam o questionário e saíam bufando da sala de espera. Mas quando o homem ria das perguntas e usava o questionário para fazer um papel de avião, os outros participantes também relaxavam e riam. "Portanto, nem mesmo os nossos estados sentimentais são tão padronizados quanto acreditamos", diz Sam Sommers. "Quando o corpo percebe mudanças fisiológicas, como a adrenalina, nem sempre resulta disso a mesma emoção". Pelo contrário, nós olhamos em volta e observamos o que está acontecendo no mundo para interpretar essas mudanças físicas e descobrir qual das muitas possibilidades emocionais combina melhor com a situação atual.

"Eu não sou eu, eu sou muitos", deduz disso o psicólogo do desenvolvimento Werner Greve. "Eu sou muitos componentes: muitas vezes, o meu pensar, o meu sentir, o meu agir, [tudo isso] é regulamentado de formas diferentes". E nem sempre os três componentes estão sincronizados, Greve acrescenta com um suspiro. "Nós ouvimos como dizemos coisas, vemos como fazemos coisas que não aprovamos, temos emoções mistas. Muitas vezes, estamos em conflito conosco mesmos".

A grande construção

Onde, então, está esse nosso eu, se banalidades são capazes de nos transformar em outro caráter – pelo menos por um momento? Muitas pessoas objetarão escandalizadas que elas têm sim uma noção ótima de seu próprio eu. Afinal de contas, elas se sentem em harmonia consigo mesmas na maior parte do tempo e até percebem quando elas traem a si mesmas. Sem dúvida alguma, todos nós vivenciamos de vez em quando como surge em nós a sensação de estarmos fingindo naquele momento, por exemplo, porque estamos traindo os nossos princípios. E para isso acontecer não precisamos nem estar diante de príncipes poderosos que querem roubar as nossas convicções, como aconteceu com Lutero, Sócrates e Jesus. Basta reprimirmos a nossa alegria para não desanimar ainda mais alguém que acabou de sofrer um infortúnio. Basta não expressarmos a nossa opinião verdadeira sobre a aparência do nosso interlocutor. Basta abafarmos a nossa raiva para não estragar a atmosfera de todo o departamento e na família. É verdade: a despeito de todas as limitações do nosso eu, nós costumamos ter a sensação de estarmos agindo autenticamente, e, às vezes, nós também sentimos vergonha do nosso comportamento, e sabemos: agora estou me distorcendo e fingindo muito para passar uma impressão boa ao chefe ou para impressionar a nova paixão. Todos os dias, as pessoas se adaptam para se inserir nas estruturas sociais, fazendo elogios, submetendo-se a hierarquias, ou simplesmente, fazendo o que todos estão fazendo. Afinal de contas, existe algo chamado boa educação e convívio social.

Na verdade, as pessoas nem se sentem muito autênticas quando reclamam muito, expressam a sua opinião sem filtros e se irritam sobre outras pessoas e situações. Como, então, elas se sentem? Os psicólogos sociais Brian Goldman e Michael Kernis procuraram a resposta a essa pergunta durante muitos anos. Finalmente, tinham desenvolvido um catálogo da autenticidade. De acordo com esse catálogo, as pessoas se vivenciam como autênticas sempre que agem de forma honesta, refletida, e quando levam em consideração os seus valores e convicções e quando são sinceras em seus relacionamentos.

Verdadeiro no relacionamento, honesto e ao mesmo tempo socialmente compatível – isso pode causar conflitos violentos, por exemplo, quando sua amiga pede sua opinião sobre um vestido novo que ela comprou e que você considera um erro catastrófico. Por isso, na maioria das vezes, as pessoas optam por uma posição intermediária entre franqueza embaraçadora e certa medida de honestidade. Ser autêntico significa adaptar-se às circunstâncias dentro do corredor formado pelos valores e convicções próprios, afirma Roy Baumeister. Durante muitos anos, o psicólogo social pesquisou a autoconfiança, porque acreditava que ela era a chave para uma vida psíquica saudável. Hoje, ele diz: "A autoconfiança é importante, mas a maior qualidade humana é o autocontrole". Afinal de contas, é o autocontrole que viabiliza ao ser humano a vida na comunidade. E é ele que ajuda a modular a opinião, os pensamentos, os sentimentos e o comportamento de uma pessoa, a ponto de permitir uma vida boa e bem-sucedida. Com a ajuda do autocontrole, a vida inteira pode ser mudada de tal forma que, graças a uma alimentação sensata e um cuidado próprio suficiente, uma pessoa possa levar uma vida saudável, feliz e em harmonia com suas necessidades e convicções.

Na economia, bem-sucedido não é aquele que é autêntico, mas aquele que consegue se adaptar – mesmo que os executivos gostem de alegar o contrário. São os camaleões sociais que são promovidos e ganham mais dinheiro. São eles que têm as melhores redes de contatos, como mostrou a equipe de Alay Mehra, especialista em redes sociais. Quando os cientistas do Gatton College of Business and Economics analisaram os processos numa empresa de alta tecnologia, com 116 funcionários, eles constataram: aqueles que se adaptavam habilmente às circunstâncias, ocupava posições centrais e estrategicamente importantes na rede da empresa. Aqueles que permaneciam fiéis a si mesmos tendiam a ficar às margens da rede da empresa.

Você se considerar autêntico ou não – no fim das contas, isso tem a ver somente com você mesmo. É um construto que existe na sua cabeça. Outra pessoa pode chegar a admirar aquilo que nós consideramos ser uma reação autêntica. Isso ocorre, principalmente, quando permanecemos fiéis à nossa opinião mesmo diante de resistências evidentes ou quando não permitimos que tentações nos desviem de nosso propósito. Às vezes, porém, uma outra pessoa pode julgar nossa autenticidade simplesmente como um atrevimento ou mera teimosia. No fim, nem nós mesmos sabemos se estamos sendo autênticos.

Ironicamente, as outras pessoas não nos percebem como especialmente autênticos quando estamos realmente sendo autênticos, mas quando nós nos adaptamos a elas. Quando o nosso interlocutor se comporta como nós esperamos e quando ele fala num tom de voz semelhante ao nosso e quando imita a linguagem do nosso corpo, então tendemos a acreditar mais nele. Um ótimo exemplo é o malandro Otto no filme "Um peixe chamado Wanda", quando ele conquista a confiança da dona de um aquário imitando a cadência da voz dela. Ou seja, consideramos especialmente simpáticas e autênticas aquelas pessoas que possuem um talento especial de fingir – ou, em termos menos negativos, que conseguem se sintonizar com as vibrações que nós emitimos.

No entanto, nem mesmo aquilo que nós consideramos autêntico em nós mesmos consegue fazer jus às exigências. Ser autêntico não significa ser "si mesmo". Pois nós nem nos julgamos como muito autênticos quando nos comportamos de acordo com aquilo que esperaríamos da nossa personalidade. Um teste baseado em questionários pode nos descrever como introvertidos ou abertos, mas nós acreditamos que somos especialmente autênticos quando manifestamos um comportamento totalmente diferente. William Fleeson também descobriu isso com a sua equipe. As pessoas que participaram dos seus testes consideravam seu comportamento como autêntico sempre que se mostravam amigáveis, extrovertidas, responsáveis, emocionalmente estáveis e interessadas – ou seja, quando representavam todos aqueles traços de caráter que são altamente estimados na nossa sociedade. E não importava como sua personalidade realmente era. Numa festa, uma pessoa se sentia mais à vontade e mais autêntica quando conversava com muitas pessoas, mesmo quando se tratava de uma personalidade tímida – e ela mesma se via como tímida. A ciência ainda não encontrou a resposta a esse enigma. Mas, o que sabemos, com certeza, é: uma pessoa que possui esses cinco traços de personalidade é fortalecida em sua autonomia. É possível, afirma Fleeson, que isso alimente a sensação de autenticidade.

É difícil acreditar, mas a mesma pessoa pode se sentir muito autêntica até mesmo com comportamentos totalmente contraditórios. Normalmente, nós nos apresentamos em diferentes papéis sociais de formas completamente diferentes, como comprovou o psicólogo Kennon Sheldon, de Nova York. Ele pediu que os alunos, que, além da faculdade, também trabalhavam, se imaginassem em papéis diferentes e se descrevessem neles. Afinal de contas, cada um deles era aluno e funcionário. Mas cada um era também filho de seus pais e amigo de diversas pessoas, e a maioria era, além disso, parceiro num relacionamento amoroso. Dependendo do papel em que estavam pensando, os alunos descreveram a si mesmos de formas altamente divergentes. Como amigos, eram muito extrovertidos; como alunos, eram neuróticos; como funcionários, eles se destacavam como responsáveis e confiáveis. Eram abertos para coisas novas, principalmente quando se tratava de seu relacionamento amoroso, e menos compatíveis em termos sociais em seu papel como filho. E em todos esses papéis, eles se viam como – totalmente autênticos.

O eu como timoneiro

Mas mesmo que nós nos enganemos com a nossa representação do nosso eu, ele nos ajuda muito no dia a dia e, por isso, é absolutamente sensato construirmos um eu para nós. Pois não existe dúvida de que nós atravessamos a vida com princípios e convicções. Eles nos ajudam a fazer sentido no mundo, a organizá-lo, entendê-lo e a tomar centenas de decisões a cada dia. Os muitos canais de informação estão dificultando a vida do *homo sapiens 2.0*, cujo celular está sempre ao seu alcance. Afinal de contas, uma simples compra no supermercado torna necessários inúmeros discursos dialéticos: abacate... uma fruta tão saudável, tão rica em ácidos graxos insaturados! Mas do ponto de vista ecológico... uma catástrofe por causa das quantidades de água usadas em seu cultivo em países predominantemente secos, o que faz com que o nível de água subterrânea diminua cada vez mais. O que fazer diante da estante de frutas no supermercado, e exclama: "Aqui estou eu!", mas esse eu quer cuidar não só de sua saúde, mas também do meio ambiente e, por isso, não sabe o que deve fazer naquele momento – comprar o abacate ou não.

Uma pessoa que dispõe de princípios que, em situações difíceis, lhe fornecem instruções claras de ação, tem uma vida mais fácil. Eles lhe passam uma sensação de paz e pertença e geram sentido. Uma pessoa autêntica pode não estar em harmonia com a forma como Deus ou a genética a criou. Mas ela acredita nisso. E isso remove muitos conflitos e dúvidas relacionadas a si mesma.

Em todo caso vale: seguir suas convicções e conferir sentido às suas ações é extremamente benéfico. Isso satisfaz a autenticidade percebida e confere resiliência, a promissora força de resistência psíquica. Tudo isso é importante para a saúde psíquica. Por isso, e a despeito de toda a questionabilidade da autenticidade, agir de forma autêntica – ou seja, obedecer àquilo que nós consideramos ser uma ação autêntica – faz bem à alma. "Pessoas autênticas são psiquicamente mais estáveis", constataram já Kernis e Goldman.

Surpreende, então, que pessoas autênticas têm uma probabilidade maior de alcançar seus objetivos, são menos depressivas e sofrem menos estresse e têm menos problemas na vida? Nesse sentido, não precisamos ser um filósofo, como Sören Kierkegaard, para recomendar uma existência autêntica. Bastam os conhecimentos dos psicólogos modernos.

A autenticidade não é tão boa num único caso: quando ela é usada para se recusar a fazer mudanças. "O que posso fazer? É assim que sou" – cônjuges ouvem isso tantas vezes quanto psicoterapeutas quando querem encorajar seus pacientes a reconsiderar suas posturas mentais ou seus modos de comportamento. Muitos pacientes usam sua suposta autenticidade como muro de defesa quando ouvem que, futuramente, poderia ser útil enfrentar os problemas de frente, não se culpar sempre por todos os eventos negativos ou ver uma mudança também como algo positivo. Muitas vezes, porém, a autenticidade só serve de pretexto em casos assim. No que diz respeito aos efeitos positivos da autenticidade, falta esclarecer ainda uma coisa: o que fundamenta aqui e o quê? As pessoas que se veem como autênticas dispõem de todas essas vantagens desejáveis porque vivem em harmonia com suas convicções? Ou elas são autênticas porque possuem essas características? A ciência ainda não conseguiu responder a isso. O que sabemos é que as pessoas autênticas precisam normalmente de uma autoconfiança suficientemente grande que lhe permite aceitar também as suas fraquezas e limitações – caso contrário – dificilmente teriam a coragem de ser autênticas. Além disso, é bem possível que pessoas resistentes, satisfeitas e menos estressadas simplesmente têm uma facilidade maior de serem autênticas. Afinal de contas, podem realizar os seus objetivos com energia e autoconfiança e exclamar em voz alta: "Aqui estou eu, eu faço isso porque corresponde à minha convicção!" A autenticidade poderia, então, ser apenas a invenção de um cérebro autoconfiante. E todos aqueles, que não dispõem dessa autoconfiança, relutam com isso, e sentem um vazio atormentador em que outros podem recorrer a princípios claros que lhes servem como timoneiros. "Nós só acreditamos que temos um si-mesmo nuclear", escreve o psicólogo social Mark Leary, em seu livro *The Curse of the Self* [A maldição do si-mesmo], "e queremos corresponder a ele". Só aquele que acredita não conseguir corresponder a ele sofre com "essa inautenticidade imaginada".

Mudança faz parte do nosso ser

Creio que nosso eu esteja bastante abalado agora. Os psicólogos querem roubá-lo de nós ou, no mínimo, dividi-lo em numerosos fragmentos como o olho de uma mosca. Mesmo que precisemos nos acostumar com a ideia de termos que atravessar o mundo sem um eu sólido: isso não é motivo de preocupação. Isso não significa que todos nós somos mentirosos e enganadores terríveis. Só porque nossa natureza está em fluxo, certamente não traímos a nós mesmos, pois a mudança faz parte do nosso ser, ele não é um papel artificial, não é um manto alheio que vestimos. Essa é a mensagem principal e importante: Um eu que muda não é algo negativo. Afinal de contas, mudança significa, sobretudo, que nós podemos desenvolver a nossa personalidade. E isso nos oferece chances e oportunidades.

Sam Sommers, por exemplo, acha ótimas essas novas descobertas: "É bem revigorante constatar que não somos um produto pronto", afirma o psicólogo, que aquele que somos no aqui e agora "não é necessariamente a mesma pessoa que seremos em outro lugar e em outra hora". E para que servem os nossos velhos princípios, se o mundo já não é mais o mesmo? Um si-mesmo flexível nos ajuda a nos adaptar a um ambiente que muda o tempo todo. Seco e com ironia, Fritz Breithaupt pergunta se uma vida sem um eu não seria muito melhor do que uma vida com um eu. Se o eu não existisse, poderíamos parar de representar um papel o tempo todo e de nos gabar de nossas conquistas. "Se pensarmos nos esforços e investimentos que fazemos, precisamos nos perguntar se um eu realmente vale a pena", comenta Breithaupt. "A pergunta, se não existem alternativas, é absolutamente legítima."

O cientista cognitivo sugere experimentar diferentes formas de existência, sem identidade fixa, individualidade e controle do eu. Hoje em dia, ninguém impede você de trocar suas preferências religiosas, profissionais ou sexuais de um dia para o outro, e de experimentar coisas novas.

A geração nova reconheceu isso há muito tempo. Os jovens criam uma multiplicidade de identidades diferentes e, provavelmente, se sentem autênticos na maioria delas. Com a ajuda do Tik-Tok, Facebook, YouTube e cirurgia plástica, eles criam constantemente um novo si-mesmo – e quando precisam, fazem isso 20 vezes ao ano e não só a cada 20 anos. Nas mídias sociais, alguns jovens adotam até várias identidades ao mesmo tempo. Lá, eles se apresentam como fora-da-lei rude, como dono de um cachorrinho numa fazenda ou como uma estrelinha do pop. Dependendo do ambiente em que estão, eles adotam esta ou aquela identidade. Aqui estou eu – e posso ser diferente a cada dia. Essa parece ser a nova máxima.

A cientista midiática, Sherry Turkle, nascida em 1948, se recusa a julgar isso. "Há pontos positivos e negativos nisso", ela escreve em seu livro *Life on the Screen – Identity in the Age of the Internet* [*A vida na tela – Identidade na era da internet*]. "Sempre que nos apresentamos em algum desses espaços, nós aprendemos algo novo sobre nós mesmos, porque cada um desses espaços é um lugar em que mostramos outro aspecto nosso". Nesse sentido, a criação de identidades múltiplas seria um tipo de autorreflexão. Turkle acredita que, futuramente, será normal "pensarmos o nosso si-mesmo como algo múltiplo". Isso é um problema, talvez até uma doença? Não, afirma Turkle, afinal de contas, os psicólogos estão descobrindo cada vez mais que nisso se esconde uma verdade profunda.

Se nos permitirmos pensar isso, nós mesmos reconheceremos que temos vários eus contraditórios. No fim das contas, o nosso cérebro é um grupo de jogadores rivais, explica David Eagleman. "Ele consiste em subsistemas paralelos e concorrentes". E ele trava conflitos internos constantes. Por isso, o nosso cérebro pode assumir e defender dois ou mais pontos de vista ao mesmo tempo. Por isso, podemos nos irritar conosco mesmos. Podemos acusar a nós mesmos. E podemos até negociar conosco mesmos. Às vezes, o eu controlador diz ao eu preguiçoso: Se você se concentrar e trabalhar por duas horas, poderá fazer um intervalo de meia hora e tomar o café que tanto deseja. Por isso, Sherry Turkle acredita que, existe um novo objetivo na vida – longe da velha autobusca e autorrealização. Deveríamos aprender a acolher os muitos aspectos do nosso si-mesmo e nos movimentar habilmente entre eles.

TESTE:
QUAL É O MEU NÍVEL DE AUTENTICIDADE?

"O ser humano é o ser
que deseja saber o que
ou quem ele é".
Markus Gabriel

"Ser totalmente si mesmo", isso é mais uma ilusão do que um fato. Mesmo assim, precisamos constatar: as pessoas que acreditam agir de forma autêntica estão claramente na vantagem. Elas não precisam ficar quebrando a cabeça sobre se seria melhor se comportar de outra forma, não precisam sofrer com o dilema entre sistemas de valores diferentes e, no fim, costumam estar satisfeitas consigo mesmas. Afinal de contas, não tiveram opção. Assim acontece que as pessoas que se consideram autênticas são até psiquicamente mais saudáveis – mesmo que essa autenticidade seja em grande parte nada mais do que uma ficção. Por isso vale a pena querer ser autêntico aos próprios olhos. E, por isso, não faz mal e até é útil saber como nós vemos a nós mesmos em termos de autenticidade.

A fim de testar o quanto uma pessoa se considera autêntica, os psicólogos costumam usar o teste "Authenticity Inventory 3", que foi desenvolvido pelos dois psicólogos sociais Brian Goldman, da Clayton State University, e Michael Kernis, da University of Georgia. Você pode fazer esse teste em casa, se quiser saber o nível da sua convicção de autenticidade. Tudo que você precisa fazer é seguir algumas poucas instruções.

Abaixo você encontrará 45 afirmações. Você concordará muito com algumas, outras não descreverão nem um pouco.

Use a escala de 1 a 5 para expressar o nível de consentimento ou rejeição, e anote o respectivo número ao lado da afirmação.

Não existem respostas certas e erradas, seja sincero em sua avaliação. Só assim o resultado obtido poderá ser confiável.

A escala de cinco pontos:

1 = Eu não concordo nem um pouco.

2 = Eu não concordo.

3 = Eu não concordo nem tenho outra opinião.

4 = Eu concordo.

5 = Eu concordo fortemente.

As 45 afirmações:

___ 01) Meus sentimentos me deixam confuso com frequência.

___ 02) Eu finjo frequentemente gostar de algo quando, na verdade, não gosto.

___ 03) Não importa o que aconteça: estou ciente de quem eu realmente sou.

___ 04) Eu sei por que eu acredito nas coisas que penso sobre mim.

___ 05) Quero que as pessoas que me são próximas reconheçam os meus pontos fortes.

___ 06) Tento entender ativamente quais aspectos da minha personalidade representam o meu verdadeiro si-mesmo.

___ 07) Eu me sinto muito desconfortável ao pensar diretamente em meus limites e fraquezas.

___ 08) Eu costumava ficar quieto ou consentia com a cabeça para comunicar meu consentimento em relação a uma fala de outra pessoa, mesmo tendo uma opinião diferente.

___ 09) Sei muito bem por que eu faço as coisas que faço.

___ 10) Estou disposto a me mudar pelos outros, contanto que aquilo que eu receber em troca seja suficientemente desejável.

___ 11) Considero fácil fingir ser diferente do que realmente sou.

___ 12) Eu quero que as pessoas que me são próximas conheçam as minhas fraquezas.

___ 13) Acho muito difícil avaliar a mim mesmo criticamente.

___ 14) Não estou em contato com meus pensamentos e sentimentos mais profundos.

___ 15) É importante para mim expressar diante de pessoas que me são próximas o quanto eu gosto delas.

___ 16) Tenho dificuldades de aceitar meus erros pessoais, por isso tento apresentá-los numa luz um pouco mais positiva.

___ 17) Tendo a idealizar pessoas próximas ao invés de vê-las como realmente são.

___ 18) Quando são perguntadas, pessoas que me são próximas conseguem descrever corretamente que tipo de pessoa eu sou.

___ 19) Eu prefiro ignorar meus pensamentos e sentimentos mais sombrios.

___ 20) Eu percebo quando não sou eu mesmo.

___ 21) Sou capaz de distinguir aqueles aspectos do meu si-mesmo, que são importantes para o meu verdadeiro si-mesmo, daqueles aspectos que são irrelevantes para ele.

___ 22) Pessoas próximas de mim ficariam chocadas ou surpresas se descobrissem o que guardo para mim mesmo.

___ 23) É importante para mim compreender as necessidades e os desejos daquelas pessoas que me são próximas.

___ 24) Eu quero que as pessoas próximas entendam meu eu verdadeiro e não só a minha *persona* pública ou a minha "imagem".

___ 25) Tento agir de uma maneira que concorde com meus valores pessoais, mesmo que os outros me critiquem ou rejeitem por causa disso.

___ 26) Quando um confidente e eu temos opiniões conflitantes, eu prefiro ignorar isso a trabalhar para resolver o conflito.

___ 27) Muitas vezes tenho feito coisas que eu não quis fazer para não decepcionar as pessoas.

___ 28) Acredito que meu comportamento normalmente expressa meus valores.

___ 29) Procuro entender a mim mesmo ativamente da melhor maneira possível.

___ 30) Eu prefiro sentir-me bem comigo mesmo a realmente sondar os meus limites e minhas fraquezas pessoais.

___ 31) Acredito que, normalmente, eu expresso meus desejos e necessidades pessoais por meio do meu comportamento.

___ 32) Nunca ou raramente eu finjo ser simpático com outros.

___ 33) Eu uso muita energia para realizar objetivos que são muito importantes para outras pessoas, mesmo quando eles não são importantes para mim.

___ 34) Frequentemente não sei o que é importante para mim.

___ 35) Tento reprimir todos os sentimentos desagradáveis sobre mim mesmo.

___ 36) Eu me pergunto frequentemente se eu realmente sei o que quero alcançar nesta vida.

___ 37) Acho com frequência que sou excessivamente crítico comigo mesmo.

___ 38) Estou ciente de meus desejos e motivações.

___ 39) Muitas vezes, recuso os elogios que recebo.

___ 40) Em geral, é importante para mim que as pessoas próximas entendam quem eu realmente sou.

___ 41) Tenho dificuldades de me alegrar com as coisas que conquistei.

___ 42) Quando alguém aponta uma fraqueza minha, tento esquecer isso rapidamente.

___ 43) As pessoas que me são próximas podem saber o que eu sou, quem eu sou, não importa a situação em que nos encontramos neste momento.

___ 44) Minha franqueza, honestidade e relacionamentos próximos são muito importantes para mim.

___ 45) Estou disposto a arcar com as consequências negativas quando expresso minhas convicções verdadeiras.

Avaliação:

Some os pontos que você deu a si mesmo nas seguintes afirmações: 2, 3, 4, 5, 6, 9, 12, 15, 18, 20, 21, 23, 24, 25, 28, 29, 31, 32, 38, 40, 43, 44, 45.

Nas seguintes afirmações, você precisa inverter a avaliação: 1 ponto vale 5 pontos, 2 pontos valem 4, 4 pontos valem 2, e 5 pontos valem 1 ponto. 3 pontos continuam sendo 3 pontos: 1, 7, 8, 10, 11, 13, 14, 16, 17, 19, 22, 26, 27, 30, 33, 34, 35, 36, 37, 39, 41, 42.

Agora some todos os pontos. Quanto maior for a pontuação, mais autêntico você é.

O teste original de Kernis e Goldman não oferece nenhuma avaliação mais detalhada, mas os resultados podem ser interpretados da seguinte forma.

Entre 151 e 225 pontos: você é muito autêntico.

Se você atingiu uma pontuação tão alta, você age na maioria das situações segundo os ideais e valores que determinam a sua vida. Evidentemente você também se adapta de vez em quando, mas, em geral, você está disposto a defender os ideais, mesmo que isso venha a lhe custar algo. No entanto, você não tem somente valores muito claros, você também tem um contato muito bom consigo mesmo. Você conhece os seus desejos e necessidades e quer que seus amigos e parentes também os conheçam e os levem a sério.

Entre 76 e 150 pontos: você tem uma autenticidade mediana.

Apesar de, frequentemente, obedecer à sua consciência, você também se adapta muitas vezes. Isso depende das circunstâncias. Às vezes, você acredita que é importante seguir os seus princípios; muitas vezes, porém, você também aceita alguns desvios. Afinal de contas, brigas e conflitos constantes são exaustivos e não ajudam na carreira. Nem sempre é preciso insistir em seu próprio ponto de vista quando ele depara com resistência. Além disso, sua opinião muda de vez em quando. Aquilo que ontem foi importante para você, não precisa ter a mesma importância hoje. Você é flexível.

Entre 1 e 75 pontos: Você é pouco autêntico.

Valores? Princípios morais? Você considera tudo isso um tanto antiquado. Em vez de seguir uma bússola pessoal segura, você redefine seu curso constante e conscientemente. Afinal de contas, o que vale é atravessar a vida sem muitos conflitos. Para você não é tão importante impor sua opinião em todas as situações. Você gosta de adaptar quando acredita que isso lhe ajuda a avançar. Nem na vida particular você diz o que pensa. Em síntese, seus amigos e parentes não precisam saber de tudo a seu respeito – e existem muitas coisas que nem você quer saber sobre si mesmo.

O AMADURECIMENTO DA PERSONALIDADE

"Somos a soma das nossas decisões".
Albert Camus

Aparentemente, então, nós mudamos constantemente, mas o último encontro de ex-alunos da turma não mostrou mais uma vez o quanto permanecemos fiéis a nós mesmos? Jorge era engraçado como sempre, Ana parecia não ter parado de falar desde os tempos na escola, e todos reconheceram Carlos de cara como o Carlos com os gestos exagerados e a mesma cara de malandro, apesar de ter ganhado uns cinquenta quilos de peso nesses trinta anos, desde o vestibular, e ter perdido uns 100 gramas de cabelo. Mais uma vez, a reunião festiva confirmou para todos que tinha comparecido que a personalidade de uma pessoa é imutável. Nós somos quem somos, pensaram todos e se alegraram com a velha intimidade; afinal de contas, o ser humano não muda tão facilmente, nem mesmo ao longo de três décadas.

Mas se formos sinceros conosco mesmos, não sabemos que essa não é bem a verdade? Desde os tempos da escola não perdemos grande parte daquela personalidade que tínhamos na época do vestibular, às vezes de forma bastante dolorosa, às vezes para o nosso próprio alívio? Talvez sintamos falta de algumas propriedades do nosso caráter e que, de alguma forma, acabaram se perdendo ao longo do caminho – a ingenuidade, talvez, a curiosidade de um desbravador. Ao mesmo tempo, damos graças a Deus por finalmente estarmos livres de outras – a autocrítica constante, por exemplo, ou a visão exageradamente ingênua do mundo. Mas aquela diligência que, no passado, era tão acentuada, assim devemos admitir, passou para o segundo plano desde que nossas obrigações aumentaram tanto que simplesmente não temos mais o tempo para resolver tudo com aquela mesma responsabilidade, acurácia e pontualidade, das quais nos orgulhávamos tanto. Constatamos que, numa ocasião ou outra, conseguimos sobreviver muito bem com certa falta de pontualidade e, por isso, permitimos que certo desleixo invadisse o nosso dia a dia. Ou talvez consigamos finalmente – e ao contrário daquilo que acontecia na escola – resolver nossas tarefas de acordo com o nosso planejamento, porque gostamos muito mais do nosso trabalho do que das aulas de história, geografia e física. Mesmo assim, a despeito de todas as mudanças, os outros devem ter pensado sobre nós o que quase todos pensam sobre os outros numa reunião de turma: "Isso! Essa é a pessoa que eu conheço. Ela é exatamente igual. Ela sempre foi assim. O ser humano permanece fiel a si mesmo". E mais uma vez esse reencontro solidificou a convicção: o ser humano só muda pouco, se é que muda de todo.

Recentemente, até os especialistas acreditavam isso. Os cientistas partiam da premissa de que a personalidade de um ser humano é extraordinariamente estável. A regra fundamental dizia: Até completar 30 anos de idade, o caráter ainda se desenvolve, mas depois isso acaba, pois a personalidade está formada. O ser humano continua sendo aquele que é.

Que equívoco! Os seres humanos mudam sim, e com frequência e, como mostra o exemplo de Niels Birbaumer, até de forma drástica – ainda em idade avançada. "É como se uma onça conseguisse mudar suas manchas, mas realmente funciona", afirma Chris Boyle, da Universidade de Manchester. "Nossa personalidade pode mudar ao longo do tempo e ela muda de fato."

Por que, então, as reuniões de turma parecem evidenciar o contrário? "Em reuniões desse tipo, nós voltamos a assumir o nosso velho papel", explica a psicóloga de personalidade Jule Specht. "Voltamos a ser o palhaço da turma, o CDF ou a aluna aplicada."

O papel que exercemos na turma é o elemento que nos conecta com as pessoas da época, ele reforça as lembranças compartilhadas, a intimidade, a volta para a juventude – ou seja, tudo aquilo que se cultiva nas reuniões de turma. Por isso nos dispomos a reassumir aquele papel, mesmo quando já nos libertamos dele há muito tempo. "Quando estou numa reunião desse tipo, eu até me lembro das piadas que não contei mais há 30 anos", explica Werner Greve. Ao mesmo tempo, os outros, que também desejam reviver aquela velha intimidade, percebem em mim, sobretudo, as características que lhes eram familiares. Eles se alegram com tudo que lhes parece familiar e ignoram as mudanças que um velho conhecido sofreu nos anos passados em prol da intimidade.

São muitas essas mudanças, e elas ocorrem continuamente. "Não existe um ponto em que o desenvolvimento da personalidade é concluído", diz Werner Greve. Quase cada ser humano muda seu caráter pelo menos em parte ao longo da vida, também após alcançar a idade adulta. Alguns passam até por mudanças grandes e revolucionárias. "O potencial de mudança da nossa psique é imenso, em termos tanto cognitivos quanto emocionais", afirma a pesquisadora e psicóloga de desenvolvimento Ursula Studinger, do International Longevity Center da Columbia University.

O psiquiatra Hans-Ludwig Kröber sabe disso de experiência própria. Ele é um perito criminal experiente, que, até a sua aposentadoria, foi diretor do Instituto de Psiquiatria Forense, em Berlim, durante vinte anos. Lá ele construiu um ambulatório em que criminosos de alto risco recebem tratamento após o cumprimento de sua pena. O grande objetivo: reintegrar na sociedade pessoas que, durante muito tempo, representavam um risco altíssimo para os outros. Continua criminoso quem foi criminoso no passado? Isso, afirma Kröber, não vale nem mesmo necessariamente para assassinos múltiplos. O psiquiatra lamenta: "Muitas vezes, a justiça só se importa com a segurança. Ela só se interessa pelo risco remanescente". Ela não consegue enxergar os recursos que também o criminoso tem à sua disposição para mudar. Quando o ambiente é outro, quando as influências negativas de suas gangues ou da casa paterna são excluídas e quando eles recebem algum reconhecimento por seu comportamento positivo, a sua disposição para cometer atos violentos e transgredir a lei desaparece e sua diligência e compatibilidade social vêm à tona. Por vezes, ocorrem também no sistema penal a transformação de dimensões quase bíblicas como a de Saulo em Paulo.

Como regra geral vale: mudanças da personalidade são muito mais frequentes e drásticas do que costumamos acreditar. Os cientistas relatam transformações até bizarras, como a do inglês Christopher Birch, que, após sofrer um AVC, deixou de ser um banqueiro conservador e se tornou um cabeleireiro homossexual. Sabemos também que o jogador de tênis André Agassi costumava ter ataques de raiva na corte e que ele era uma pessoa de convívio difícil até se casar com Steffi Graf. Desde então, ele leva uma vida pacata como pai de família, no deserto de Nevada, nos Estados Unidos, e, através de sua fundação, financia a construção de escolas que ajudam crianças de famílias socialmente desprivilegiadas a se prepararem para a faculdade. E temos ainda o famoso professor de Matemática, Harald Lesch, que conta como ele costumava ser um aluno que precisava de aulas de apoio. Foi quando ele sofreu um acidente de bicicleta e fraturou o crânio que ele desenvolveu seu talento que o transformou num matemático e comunicador científico bem-sucedido (cf. *Influências surpreendentes*, p. 148).

Transformações tão extremas quanto as de Birch, Agassi e Lesch podem ser raras e espetaculares, mas mudanças nítidas são frequentes. Algumas pessoas mudam suas propriedades de maneira tão rápida e abrangente que, dentro de poucos anos, podem ser classificadas como algum outro dos três tipos que a psicologia de personalidade moderna diferencia (cf. abaixo). E desenvolvimentos menores da personalidade são a regra. Quase todas as pessoas passam por eles.

Como determinar a personalidade

Até mesmo o leigo consegue identificar a mudança em biografias extremas. Mas quando os cientistas querem saber qual é a capacidade de mudança do ser humano, eles precisam de métodos confiáveis, capazes de detectar também desvios menos gritantes. Como sempre, a psicologia recorre a questionários também aqui. Apenas há pouco tempo os psicólogos usam também aquilo que as pessoas revelam inconscientemente sobre si mesmas em público – quando, por exemplo, manifestam sua opinião sobre notícias, fotos e mensagem no Facebook ou no Instagram, quando dão um *like*. Com base em poucos *likes*, é possível tirar conclusões surpreendentes (cf. *A medição da alma*, p. 90). Normalmente, porém, vale: aquele que quer caracterizar melhor a alma de uma pessoa precisa perguntar à pessoa ou às pessoas próximas como se comporta(m), como ela(s) pensa(m) e o que ela(s) sente(m). Pois em nosso pensamento, em nossos sentimentos e em nosso comportamento se esconde a nossa peculiaridade e, portanto, a nossa personalidade.

Evidentemente poderíamos usar uma infinitude de expressões para descrever uma pessoa – milhares, para ser mais exato. Mas cientistas norte-americanos descobriram, já na década de 1930, que as 17.953 palavras, que se encontram nos dicionários da língua inglesa para caracterizar uma pessoa, podiam ser reduzidas a 4.504 adjetivos. Outros psicólogos reduziram a lista ainda mais, porque acreditavam que características como, por exemplo, "compreensivo" e "bondoso" podem ser descritas com a palavra "amável". Acabaram descobrindo que as palavras com as quais as pessoas falam sobre pessoas podem ser divididas em cinco grupos. Assim surgiu o modelo dos *Big Five* – das cinco dimensões que a personalidade de cada pessoa possui (cf. p. 88).

Essas cinco dimensões, que incluem a abertura para experiências (a receptividade), a consciensiosidade (diligência, confiabilidade), a extroversão, a amabilidade (consideração pelos outros, cooperação, empatia) e o neuroticismo (labilidade e vulnerabilidade emocional), são amplamente reconhecidas pelos especialistas desde a década de 1990. A equipe científica de Samuel Gosling e Oliver John, dos Estados Unidos, demonstrou que o modelo dos *Big Five* pode ser aplicado com precisão até mesmo a cachorros. O único ponto que apresentou dificuldades foi a consciensiosidade tão racional. Esta parece ser uma característica exclusiva dos seres humanos e dos chimpanzés.

Durante muito tempo, as dimensões da personalidade eram consideradas extremamente estáveis. O ser humano nascia com determinado caráter e que, depois, só amadurecia devido a processos biológicos internos, mas não em reação ao ambiente, acreditavam os inventores dos *Big Five*, Robert McCrae e Paul Costa. Foram eles também que propagaram a ideia do trigésimo aniversário como ponto de virada. Achavam que, por volta dessa idade, o amadurecimento do caráter deveria estar encerrado.

No entanto, também é possível que sua conclusão nada mais foi do que uma reação exagerada determinada pela personalidade. A princípio, McCrae e Costa queriam espalhar a sua teoria das cinco dimensões entre as pessoas e, principalmente, entre os cientistas. Pois, no início, a resistência destes à sua teoria foi forte. Principalmente os representantes da psicologia social não queriam saber nada de características sólidas da personalidade. Os psicólogos sociais insistiam que as pessoas mudavam de acordo com suas experiências; elas se adaptavam às exigências de seu ambiente. E esses psicólogos estavam certos, afinal de contas, ninguém duvida de que as pessoas mudam quando fazem determinadas experiências. Caso contrário, não aprenderiam nada com aquilo que vivenciassem. É evidente que experiências negativas tornam as pessoas mais cautelosas, enquanto experiências positivas encorajam as pessoas a buscar experiências novas, a encarar desafios e a conhecer outras pessoas – as experiências positivas as tornam mais abertas.

Mas os psicólogos sociais não paravam por aí. Eles chegavam até a negar que os seres humanos possuem algo que possa ser chamado de personalidade. Afirmavam que a forma como uma pessoa pensa, sente e age não está predeterminada; cada ocasião era diferente – dependia do ambiente em que a pessoa se encontrava naquele momento, das exigências que as pessoas faziam a ela e do papel que ela deveria exercer, por exemplo, numa reunião de turma. Dependendo da situação, a mesma pessoa se comportava de modo diferente. Na década de 1970, essa postura foi incentivada também pelo espírito dominante da época: não eram todas as pessoas vítimas da sociedade burguesa em que viviam? E, contanto que as condições fossem sociais e justas, cada um não era capaz de qualquer tipo de desenvolvimento?

Foi só com o passar do tempo que os cientistas começaram a perceber que pessoas diferentes se comportam de formas diferentes quando se encontram na mesma situação, e que seu comportamento individual podia ser repetido: algumas pessoas tendem a fugir enquanto outras tendem a encarar o desafio. Algumas pessoas gostam de conhecer pessoas novas, outras tendem a evitar o contato com desconhecidos. E que esse tipo de comportamento de um indivíduo permanece estável em muitas situações diferentes. Pessoas tímidas tendem a evitar o contato com os outros. E pessoas extrovertidas conversam com qualquer um que aparece na sua frente. Aos poucos, os resultados de pesquisa comprovaram que a personalidade é supreendentemente estável: Ayshalom Caspi e Phil Silva, por exemplo, mostraram, em 1995, que os comentários que os educadores tinham documentado sobre crianças com três anos de idade ainda valiam quando essas crianças já eram adultas; aos 18 anos, ainda eram tão impulsivas, agressivas, sociáveis ou aventureiras como haviam sido descritas por seus professores no jardim de infância.

Os psicólogos da personalidade celebraram essas descobertas com entusiasmo. "É possível", diz Jule Specht, "que eles tenham exagerado um pouco em seu conflito com os psicólogos sociais. Superavaliaram tanto a estabilidade da personalidade que, durante o bom tempo, não perceberam que ela também muda". No fim, ambos estavam certos, os psicólogos sociais tanto quanto os psicólogos da personalidade: existe uma personalidade inata, mas, ao longo dos anos, essa personalidade sofre abalos consideráveis, é questionada e desenvolvida.

A primeira análise a mostrar na Alemanha o quanto a personalidade do ser humano muda foi realizada pelo Painel Socioeconômico (SOEP). A essa grande pesquisa, que, a cada ano, interroga 15.000 lares sobre todos os aspectos da vida, os cientistas introduziram também perguntas sobre a personalidade. Quando a equipe formada por Jule Specht, Boris Egloff e Stefan Schmukle avaliaram esses dados, algo chamou sua atenção. Descobriram que os *Big Five* continuavam a sofrer mudanças também depois do 30º aniversário –

não só em pessoas castigadas pelo destino, mas em média, a estabilidade emocional das pessoas – a autoconfiança e a tranquilidade com que reagem sob pressão – aumentava um pouco no início da idade adulta. A extroversão dos jovens, porém, diminui um pouco. A conscienciosidade aumenta notavelmente até os quarenta anos de idade e sofre mudanças ainda na idade avançada. A abertura para experiências novas vai diminuindo constantemente – ou seja, a pessoa se torna cada vez menos curiosa e mais convencional e sua disposição de encarar desafios intelectuais e outras opiniões e modos de pensar diminui. "O nosso estudo refuta a opinião dominante entre os psicólogos de que a personalidade se estabiliza cada vez mais ao longo da vida", explica Jule Specht.

O que muda não são somente características individuais ou uma ou outra das cinco dimensões da personalidade. Existem pessoas que trocam inteiramente o tipo de sua personalidade, como constataram mais tarde Jule Speccht, Maike Luhmann e Christian Geiser. Desde a década de 1990, a humanidade é dividida em três grandes tipos de personalidade, que podem ser descritos com a ajuda dos *Big Five*. De acordo com esse modelo, que foi criado pelo casal norte-americano Jack e Jeanne Block, as pessoas pertencem ou ao tipo "resiliente" (que é capaz de resistir a infortúnios), ou ao tipo "supercontrolado", ou ao tipo "subcontrolado". Uma pessoa resiliente, que possui uma alta medida de resistência psíquica para enfrentar os desafios da vida, costuma ser emocionalmente estável, extrovertida e aberta para novas experiências, é amável e conscienciosa. Pessoas do tipo subcontrolado, por sua vez, são pouco conscienciosas e pouco amáveis, e as personalidades supercontroladas são pouco extrovertidas e pouco abertas, mas muito conscienciosas.

Tipo de personalidade	conscencioso	extrovertido	aberto	emocionalmente estável	amável
resiliente	+	+	+	+	+
subcontrolado	-	+-	+-	+-	-
supercontrolado	+	-	-	+-	+-

Mas o tipo ao qual tendemos muda ao longo da vida. Vemos isso já na avaliação da população em geral: mais ou menos 40 a 50% dos adultos jovens são considerados personalidades resilientes, mas entre as pessoas de idade avançada, a proporção dos resilientes chega aos 60%. Esse aumento da resiliência representa aquilo que, na língua popular, chamamos de processo de amadurecimento. A personalidade resiliente é vista como amadurecida – as pessoas não perdem mais a cabeça com tanta facilidade, reagem menos irritadas e são confiáveis. Pois aprenderam que conseguem chegar mais longe quando realizam as tarefas necessárias e sabem que muitas coisas com as quais muitos se irritam não valem a energia gasta com a irritação; é mais fácil resolver problemas de cabeça fria e com paciência do que com ações precipitadas e estressadas.

Às vezes, a mudança de um tipo para outro ocorre com uma rapidez incrível. Na análise de Specht, Egloff e Schmukle, uma em cada quatro pessoas mudava o tipo de personalidade – sendo que só quatro anos havia passado entre uma e outra enquete do SOEP. Segundo esse estudo, entre os jovens adultos são principalmente os tipos de personalidade subcontrolados, considerados pouco amáveis e pouco conscienciosos, que mais mudam. Por volta do 30º aniversário, eles amadurecem e se tornam pessoas mais resilientes. Isso aumenta seu desempenho, eles desenvolvem uma autoestima melhor e são psiquicamente mais estáveis em termos gerais. Porém, mais ou menos 25% dos adultos acima dos 70 anos de idade também mudam seu tipo de personalidade. "Diferentemente dos adultos jovens, as mudanças de personalidade nos idosos não seguem um padrão típico de amadurecimento", explica Specht – alguns passam para o tipo de personalidade resiliente, outros para os tipos super ou subcontrolados. "Até hoje existem poucos estudos que abarcam também a idade avançada", a psicóloga deduz desses dados. "Quando incluímos esse grupo na nossa análise, vemos que as mudanças na idade avançada voltam a ser grandes."

Mas como isso é possível, se todos afirmam que grande parte da personalidade é determinada pela genética? Todos que já conviveram com crianças sabem que os bebês nascem com um caráter distinto, que algumas adoram explorar seu ambiente e que outras ficam agarradas à mãe. E, desde Sigmund Freud, todos dizem que a primeira infância até aos três anos de vida é decisiva para o desenvolvimento do ser humano.

Quem estuda os fundamentos da personalidade é obrigado a constatar: tudo isso é verdade, apenas em parte. Sim, a personalidade está ancorada nos genes – mas muito menos do que as pessoas supõem. Estudos com gêmeos que compararam as semelhanças de caráter entre gêmeos idênticos (100% de identidade genética) e gêmeos fraternos (50% de identidade genética) mostraram isso. Quanto mais semelhante é o caráter de gêmeos idênticos, em comparação com gêmeos fraternos, maior é o fator genético. Em 2015, a geneticista Tinca Poldermann, da Universidade de Amsterdã, reavaliou todos os estudos feitos com gêmeos nos últimos 50 anos. A análise incluiu dados de mais de 14,5 casais de gêmeos. E na Alemanha, os dados mais relevantes provêm do estudo de longo prazo de Bielefeld, que, entre 1993 e 2008, interrogou repetidamente mais de mil gêmeos que cresceram juntos. A conclusão de todas as pesquisas internacionais: mais ou menos a metade das diferenças de personalidade entre as pessoas se devem a fatores genéticos.

Os genes têm um efeito menor sobre a amabilidade: só 42% desta é herdada. A abertura para experiências novas, por sua vez, possui, com uma hereditariedade de 57%, a maior participação genética. 54% da extroversão, 49% da conscienciosidade e 48% do neuroticismo são genéticos. Existem, portanto, o aventureiro destemido nato, o introvertido nato e o inabalável nato. "O temperamento se revela desde cedo", diz a neurologista Nicole Strüber. Afinal, muitos dos processos que nos tornam uma pessoa tímida ou aberta, impulsiva ou carente estão contidos na nossa biologia. Provavelmente, essas características são determinadas por alomônios. Se uma pessoa é menos medrosa, sempre busca desafios novos ou gosta de conversar com outros, depende também da intensidade com que os alomônios ou hormônios agem em seu cérebro. Como as células nervosas estão conectadas no cérebro e como sua comunicação é influenciada por alomônios e o quanto produzimos deles – grande parte disso é predeterminado por nossa genética. Existem também outros fatores biológicos. De acordo com um estudo da University of Virginia, o cérebro de pessoas introvertidas se agita com maior facilidade. Por causa dessa excitação elevada, as pessoas introvertidas não precisam de tantos impulsos do mundo externo, um excesso desses impulsos causa um mal-estar.

Tudo isso significa que os nossos genes têm uma influência clara, mas eles não são decisivos. Nossos genes representam o fundamento da nossa personalidade. Eles decidem se nós tendemos a ser mais irritáveis ou comedidos, se gostamos de ser o centro das atenções ou se preferimos ir para casa depois de passar uma hora numa festa, como lidamos com pressão e como nós nos comportamos e sentimos. Mas então vêm as mudanças. Se 50% dos *Big Five* são hereditários, isso significa também que ainda resta muito espaço para a influência do ambiente. A própria vida exerce uma força tão grande sobre a personalidade quanto os genes – e não só nos primeiros anos de vida. A ideia de que o ser humano é cunhado principalmente durante seus primeiros anos de vida é evidentemente equivocada. "Sigmund Freud superestimou completamente a primeira infância", afirma Jens Asendorpf, que pesquisou a personalidade humana durante décadas na Universidade Humboldt em Berlim e já se aposentou. Jule Specht, sua sucessora, diz: "Isso parece ser um resquício dos inícios da psicanálise". A suposição de Freud de que as experiências dos primeiros anos de vida lançam sua sombra sobre a vida inteira há muito tempo é vista como obsoleta, a não ser que a criança tenha realmente vivenciado violência e abuso. Os primeiros anos *são* importantes", afirma Specht. "Mas todos os outros anos são igualmente importantes."

Para a personalidade que uma pessoa possui hoje, é muito mais relevante o que aconteceu nos últimos anos do que aquilo que aconteceu décadas atrás. E de importância especial é a situação de vida na qual ela se encontra atualmente. O que você faz com seu tempo? Qual é a sua profissão? Você vive num relacionamento? Se a resposta for positiva, em que tipo de relacionamento? Quais são seus *hobbys*? Quais são as circunstâncias da sua vida?

A soma das nossas decisões

As pesquisas mais recentes mostram cada vez mais: os genes fornecem um fundamento. Mas o ambiente, os amigos, a rede social e a própria vida formam a personalidade que nós somos. E no próximo ano, quando outras pessoas terão entrado na nossa vida e nós teremos feito experiências novas, já seremos outra pessoa. Por isso, não existe um eu inabalável e, por isso, as pessoas também podem exercer uma influência sobre seu próprio caráter. "Nós somos a soma das nossas decisões", disse o autor e filósofo francês Albert Camus. Uma citação semelhante é atribuída também a Kierkegaard.

Na verdade, são as decisões nas encruzilhadas da vida que nos mudam. Jule Specht descobriu isso juntamente com Boris Egloff e Stefan Schmukle, quando usou os dados do SOEP para analisar a influência de doze eventos marcantes da vida sobre o desenvolvimento da personalidade. As pessoas que participaram da pesquisa do SOEP tinham informado se, nos quatro anos, desde a última enquete, houve algum evento decisivo em sua vida. Talvez tivessem saído da casa paterna? Tiveram um filho? Houve um casamento, um divórcio, a morte de um parente, desemprego ou aposentadoria?

Specht e sua equipe descobriram: pessoas que tiveram um filho, mudaram de emprego ou iniciaram um relacionamento estável se diferenciam sistematicamente das pessoas que não fizeram essas coisas. Se, depois de completar a escola, alguém que vai para a faculdade ou entra diretamente no mercado de trabalho toma uma decisão não só sobre sua carreira acadêmica e, provavelmente, sobre o tipo de profissão que exercerá durante toda a sua vida: os jovens que entram no mercado de trabalho depois do Ensino Médio perdem um pouco da sua abertura, mas ganham no quesito da conscienciosidade. Afinal de contas, esta normalmente é exigida na vida profissional: é preciso ser pontual e se apresentar limpo e bem-vestido. E enquanto um aluno pode faltar às aulas no dia após uma noite de festas ou recuperar o sono durante as aulas, um chefe dificilmente tolera tal comportamento. Em troca, os alunos de faculdade ganham em termos de amadurecimento emocional, porque precisam aprender a ser independentes mais cedo do que os outros jovens que, muitas vezes, ainda moram na casa dos pais no início de sua carreira profissional e têm menos liberdade no exercício de sua profissão na empresa.

Algo semelhante vale para as outras grandes decisões: passar um dia no exterior para trabalhar como garçom ou garçonete, ou para estudar? Isso promete um ganho em termos de abertura. Afinal de contas, mesmo que tenhamos sido tímidos até então, aprendemos automaticamente: experiências novas podem ser legais, vivenciamos coisas excitantes, conhecemos opiniões que nunca ouvimos antes e encontramos pessoas interessantes – assim, no futuro, estaremos mais dispostos a experimentar algo novo. Um relacionamento estável, por sua vez, reduz a nossa abertura. Óbvio, pois não estamos mais tão interessados em conhecer pessoas novas o tempo todo. Quando estamos apaixonados, isso poderia até ter consequências muito negativas para o modelo de relacionamento que acabamos de escolher. E quando esse relacionamento termina, a liberdade reconquistada volta a mudar os ex-parceiros, sua "personalidade de procura por um amor" reaparece; pessoas que se separaram e estão interessadas numa união nova, se tornam novamente mais extrovertidas.

Até a idade avançada

Visto que a personalidade não se torna automaticamente mais estável com o avanço da idade, também os aposentados ainda podem mudar completamente. Alguns viram toda a sua vida de ponta cabeça. Na idade, um homem focado em sua carreira pode se transformar num avô afetuoso, a mulher que atravessava paredes com a cabeça se torna uma pessoa amável, o contemporâneo que sempre se submetia às regras da sociedade levanta a bandeira da revolta, e a mãe sempre responsável é agora uma mulher que ama a liberdade e não liga para convenções. O contrário também é possível.

Quando os aposentados deixam para trás as pressões e obrigações de sua vida profissional, muitas vezes, eles passam a encarar a vida de forma muito relaxada. Manifesta-se então o efeito de *la dolce vita,* como dizem os psicólogos: as exigências a si mesmos diminuem, eles se tornam menos confiáveis e se concentram mais em si mesmos. Em média, as pessoas mais velhas são especialmente mutáveis. "Algumas pessoas idosas mudam tanto quanto um adolescente", explica Jule Specht.

Mas a entrada na aposentadoria não é tudo, para isso as mudanças dos aposentados são grandes e diversas demais. Os cientistas suspeitam como causa os muitos eventos marcantes na vida que acometem uma pessoa nas últimas décadas de sua vida – a perda de parentes, que lhes impõe um novo papel, doenças, a morte que se aproxima. Quando os homens perdem a esposa, os viúvos se tornam muito mais conscienciosos, enquanto as viúvas se tornam mais irresponsáveis – um efeito que, possivelmente, pode ser explicado com os papéis clássicos no casamento. "Quando nos adaptamos a um novo papel social, podemos nos mudar ainda até a idade avançada", deduz a psicóloga Roos Hutteman, da Universidade de Utrecht, que realizou muitas pesquisas em Berlim. Por outro lado, vale também: quando seguimos sempre a mesma rotina, permanecemos os mesmos. Contanto que não ocorram nenhuma mudança nem pressão externa, nós não mudamos tanto em nossa vida que criamos para nós quando adultos, afirma Werner Greve. Uma pessoa que escolheu seu apartamento e sua profissão, raramente encara algo totalmente novo. "Quanto mais velhos ficamos, menos mudamos de casa – a não ser que sejamos obrigados", explica Greve. Quando conseguimos construir a vida que escolhemos e desejamos, não existe mais razão para mudar algo. O fato de que, em estudos anteriores, os cientistas tinham constatado repetidas vezes que as pessoas se tornam mais estáveis com o avanço da idade, poderia, portanto, ser simplesmente uma expressão do nosso desejo de estabilidade que é concretizado de modo cada vez mais eficiente.

As pessoas mais velhas, porém, de forma alguma se tornam mais mesquinhas e inflexíveis, mesmo que gostemos de acusá-las disso. Pelo contrário, na idade, elas se tornam tendencialmente mais amáveis – ou seja, bondosas, confiantes, benevolentes e humildes. São pouquíssimos os idosos que correspondem à imagem do velho rabugento. "Quando comparamos um grupo de jovens com um grupo de idosos, podemos observar que, em geral, os idosos são mais tolerantes e prestativos do que as pessoas mais jovens por volta dos 30 anos de idade", conta Jule Specht. Como jovem pesquisadora, ela quase não conseguiu acreditar quando constatou isso pela primeira vez com base em suas pesquisas. Não só porque a benignidade da idade, que predominava entre os idosos, contrariava o estereótipo tão comum do velho rabugento, mas também porque, até então, era tido como praticamente impossível que pessoas idosas ainda são capazes de mudanças. "Predominava a convicção de que a personalidade se torna cada vez mais estável, por isso, ninguém tinha se dado ao trabalho de incluir os idosos em suas pesquisas", diz Specht. Por isso, sua surpresa foi grande: "Eu estava olhando para os resultados da minha pesquisa e pensei: isso é loucura, o que está acontecendo aqui?", ela conta. Agora sabemos: tendências semelhantes na idade se manifestam até no caráter de macacos.

É possível, também, que pessoas mais novas nos parecem mais capazes de mudar porque sua vida está exposta a um número maior de inovações e influências e, muitas vezes, elas são obrigadas a assumir um papel novo e desconhecido. O fluxo de pessoas novas que conhecem é constante, num intervalo de poucos anos, eles iniciam uma nova fase na vida – jardim de infância, escola fundamental, ensino médio e assim em diante. Elas desenvolvem constantemente novos relacionamentos – com amigos e os primeiros parceiros românticos. Isso marca uma pessoa, como a psicóloga Wiebke Bleidorn pôde confirmar. Ela comparou pessoas em diferentes países e descobriu: nas regiões em que as pessoas costumam assumir o papel de adulto mais tarde – ou seja, em que elas se casam ou iniciam sua formação profissional mais tarde – os jovens permanecem abertos para novas experiências por mais tempo. Ou seja, nós amadurecemos com as tarefas e obrigações que assumimos ao longo da vida. E é justamente na idade avançada que mudanças ativas poderiam ser importantes: quanto mais a morte se aproxima, mais as pessoas questionam quem elas querem ser – e tiram suas conclusões.

Mas isso não significa que as pessoas idosas se tornam psiquicamente mais instáveis ou irritáveis – isto é, elas não manifestam um neuroticismo maior só porque se tornam menos ágeis em termos físicos e intelectuais. Durante muito tempo, essa ideia dominava, tanto no mundo acadêmico como no dia a dia, a imagem da pessoa idosa. Os cientistas da Universidade de Gotemburgo, porém, refutaram também esse preconceito. Eles analisaram os dados de uma pesquisa de longo prazo realizada com gêmeos. 408 homens e mulheres que, no início da pesquisa, tinham entre 80 e 98 anos de idade, foram visitados em seu apartamento quatro vezes ao longo de seis anos. Os pesquisadores perguntaram como estava sua saúde e como davam conta do dia a dia. Além disso, os idosos preenchiam testes de personalidade. O resultado: a saúde das pessoas idosas era mais frágil, mas de forma alguma elas eram mais nervosas ou psiquicamente instáveis. Era evidente que a maioria dessas pessoas de idade avançadíssima curtia a vida. No entanto, ocorria também outra coisa: com o passar dos anos, elas também se tornavam mais introvertidas. Mas isso só estava relacionado com seu estado de saúde quando também tinham desenvolvido uma deficiência auditiva. Independentemente de seu bem-estar físico, os idosos com audição boa também voltavam seu olhar mais para dentro e se interessavam menos por contatos externos.

A vontade de ser diferente

Vale, portanto: até os 30 anos de idade, há muito movimento na nossa personalidade. Assim que escolhemos uma profissão, nos vinculamos a um parceiro, assim que somos obrigados a ser um exemplo como pai ou mãe, tendemos a permanecer os mesmos por mais tempo até, após uma fase de estabilidade, voltarmos a mostrar uma disposição maior para mudar e se alegrar com isso. "Então ocorrem mudanças comparáveis às mudanças no início da idade adulta", explica Specht.

Mas qual é, afinal de contas, a idade de uma pessoa? Por que algumas pessoas se aventuram em caminhos novos por volta dos 40 anos de idade e outras só aos 50, 60 ou 70? Muito mais importante do que a idade real de uma pessoa, parece ser a idade que ela sente ter ou, mais provavelmente, o tempo de vida que ela acredita ainda ter. Pois essa "idade cronológica inversa" atribui o papel a uma pessoa: o que ela pretende fazer com o tempo que lhe resta, quais mudanças ela ainda deseja vivenciar?

Incontáveis vezes nós nos adaptamos aos desafios da vida, por exemplo, quando estamos tentando realizar um objetivo ou alcançar uma meta e, por isso, a nossa situação muda. Então, determinadas características da personalidade podem se tornar mais importantes para nós, ou elas fazem com que nos sintamos melhor, ou são recompensadas. Normalmente, nós assumimos essas características inconscientemente. Os psicólogos falam então de "mecanismos de adaptação". Mas isso significa também: a personalidade pode ser influenciada também voluntariamente, quando tomamos as decisões apropriadas e nos expomos às situações certas de forma ativa. Podemos, por exemplo, encarar conscientemente desafios novos, podemos nos mudar para o exterior, passar as férias em lugares isolados e incomuns, aprender uma língua nova, em vez de passar nosso tempo livre na frente da TV. Assim treinamos a abertura e a extroversão. Principalmente na aposentadoria (mas não só), podemos nos manter flexíveis fazendo o esforço de construir uma rede social, algo que, no trabalho, fazemos quase que automaticamente. Podemos resolver palavras-cruzadas, seguir ativamente debates políticos, trabalhar como voluntários numa ONG, aprender a tocar o instrumento que sempre queríamos dominar, mesmo que os nossos dedos já não sejam mais tão rápidos para acompanhar ritmos mais acelerados. Assim, as pessoas idosas também podem aproveitar as descobertas recentes da psicologia da personalidade para usar o seu potencial de desenvolvimento e lidar com os grandes desafios e mudanças que a idade costuma trazer (cf. *Inventar a si mesmo ao invés de encontrar a si mesmo*, p. 189). "Mesmo no penúltimo dia da nossa vida, ainda podemos aprender algo novo e nos desenvolver", afirma Werner Greve. Bem-estar, decisões próprias, participação? "Tudo é possível", ressalta Jule Specht. "Nunca é tarde demais para qualquer coisa, nem para estabilidade, nem para mudanças."

Os *Big Five*
Neuroticismo:

Pessoas com neuroticismo pronunciado são vistas como emocionalmente instáveis. Com frequência e duração maiores, elas vivenciam medo, nervosismo, tristeza, tensão, timidez e insegurança. Em geral, essas pessoas se preocupam mais com sua saúde, tendem a desenvolver e a se entregar a fantasias e reagem em situações difíceis com alto nível de estresse. Pessoas com um neuroticismo pouco pronunciado tendem a ser estáveis, relaxadas, satisfeitas e calmas. É mais raro elas vivenciarem sentimentos desagradáveis – mas isso não significa necessariamente que vivenciam mais emoções positivas.

Extroversão:

Pessoas extrovertidas são capazes de se entusiasmar, são descontraídas e otimistas. No convívio com outros, elas são sociáveis, gostam de conversar e são também ativas. São abertas para ideias e sugestões.

Pessoas introvertidas, por sua vez, são mais discretas e, por vezes, até reservadas. São vistas como calmas e independentes e gostam de estar sozinhas.

Abertura para experiências:

Pessoas com muita abertura adoram fazer experiências novas e gostam de impressões novas, mudanças e vivências. Muitas vezes, são intelectuais, têm uma imaginação desenvolvida e estão muito cientes de suas emoções. Gostam de aprender, gostam de experimentar e possuem interesses múltiplos. São independentes em seu julgamento, gostam de experimentar coisas novas e questionam normas sociais.

Pessoas menos abertas são mais convencionais e conservadoras. Elas não se apercebem tanto de suas próprias emoções. São realistas e objetivas e, muitas vezes, levam uma vida sólida e constante.

Amabilidade:

Pessoas com alta amabilidade possuem muitas vezes uma postura muito social. Elas têm empatia pelo outro e são compreensivas com ele. Apostam em confiança e união. Na maioria das vezes, estão dispostas a ajudar, são bondosas e tolerantes.

Pessoas menos amáveis tendem a ser mais egocêntricas. Elas suspeitam do outro e não são compreensivas e apostam mais em concorrência do que em cooperação. Sentimentalismo é uma palavra que elas desconhecem.

Conscienciosidade:

Uma pessoa conscienciosa planeja suas ações com cuidado, é muito organizada, focada no objetivo e eficiente. Ela assume a responsabilidade por suas ações e é confiável e disciplinada. Pessoas muito conscienciosas também podem ser pedantes.

Pessoas menos conscienciosas agem de forma mais espontânea e não são muito cuidadosas nem exatas. São vistas como relaxadas e inconstantes, muitas vezes, também como desorganizadas.

A MEDIÇÃO DA ALMA

Quem, afinal de contas, está sentado aí à minha frente? O ser humano tem uma capacidade surpreendente de avaliar os outros. Basta que o outro leia uma previsão do tempo entediante para reconhecermos se alguém é extrovertido ou introvertido. Mas como gostaríamos de saber mais! Como um ser humano reagirá em determinada situação? Ele consegue resistir ao estresse? Ele trabalha de forma confiável sob pressão ou será que ele age de modo imprevisível? Será que ele chega até a perder o controle? Um fracasso o torna mais depressivo ou mais agressivo? Ou será que o fracasso o incentiva ainda mais a tentar de novo? Isso interessa principalmente aos chefes de uma empresa ou aos superiores em áreas sensíveis como o exército. Há décadas, os psicólogos, comissionados pelo exército norte-americano, tentam desenvolver testes que permitem fazer previsões sobre a reação do ser humano. Começaram com isso já na Primeira Guerra Mundial. Na época, os comandantes militares queriam identificar os soldados que eram especialmente estáveis psiquicamente. Não tiveram muito sucesso com isso. Escolhiam como portadores de segredos homens que eram instáveis ou promoviam funcionários que, mais tarde, provaram ser inconfiáveis ou distraídos – simplesmente porque conseguiam impressionar tanto os seus chefes e sabiam exatamente como deviam reagir nos testes para serem escolhidos.

Hoje em dia, os testes clássicos aplicados nos exércitos e nos andares executivos das empresas estão quase esquecidos. Com a ajuda da internet, eles estão trabalhando intensamente para desenvolver métodos muito mais modernos e insidiosos para enxergar a alma de uma pessoa. E podemos partir do pressuposto de que essa medição da psique humana será bem-sucedida.

Na verdade, o ser humano é um livro aberto. É tão fácil determinar a personalidade que uma pessoa tem, que chega a ser assustador. Para tanto, as pessoas que queremos analisar nem precisam mais preencher questionários, nem responder a perguntas-teste, como acontecia antigamente. Basta analisar os rastros que ele deixa na internet. Sabemos disso no mínimo desde o caso de Michal Kosinski. O jovem cientista é visto como o homem que deu aos populistas as suas armas modernas e certeiras. Um pouco atrasado, ele aparece em seu terno cinza com camisa e gravata roxas na Conferência sobre digitalização em Berlim. Esse, então, é o homem que dizem ser culpado pelo Brexit e por Trump. Os olhos azuis desse homem brilham e seu sorriso é extremamente charmoso. Apesar de estar sofrendo imensamente naquele momento. "Por favor, me perdoem se eu não estiver 100% concentrado hoje", ele diz com cortesia elegante, "isso nada tem a ver com falta de interesse. Não durmo há mais de vinte horas". Michal Kosinski, nascido na Polônia, em 1983, estudou em Varsóvia, fez o doutorado em Cambridge e agora é professor em Stanford e não tem a cara de alguém que pretende promover o mal no mundo.

Mas será que ele realmente não quer?

O jovem professor veio de São Francisco no voo noturno. No centro de conferências, acima dos telhados de Berlim, ele pretende falar sobre suas pesquisas mais recentes. Sua especialidade: psicometria – a medição da alma. O psicólogo desenvolve algoritmos que lhe permitem ler a personalidade de pessoas que ele nunca conheceu. Ele afirma que, com base nos dados que as pessoas deixam na internet, ele consegue compreender o seu ser – e que as fotos lhe revelam detalhes íntimos. A pessoa votou em Trump? Ela fuma? Ela é homossexual? É cristã? E qual é a sua postura em relação a comida congelada? Com a ajuda de seus algoritmos, Kosinski consegue – às vezes com uma precisão assustadora – dizer coisas sobre pessoas apenas com base em sua atividade na internet.

E existem pessoas que afirmam que, sem a pesquisa de Kosinski, o mundo de hoje seria outro.

Sua apresentação em Berlim não parece ter o objetivo de refutar essa impressão. Antes de começar, ele toma alguns goles de coca – só para garantir que ele não adormeça durante sua palestra. E então ele começa a jorrar como se ele mesmo fosse uma lata de refrigerante que alguém sacudiu demais antes de abrir. Ele não anda, ele rodopia pelo palco como um turbilhão, ele fala e fala, e acaba usando o dobro do tempo previsto para sua palestra, mas a sensação dos ouvintes é que tudo durou apenas minutos – ele sabe entreter o seu público, e o que ele relata é tão surpreendente quanto assustador. Se quisermos acreditar em Kosinski, estamos prestes a vivenciar "o fim da privacidade".

Mesmo sem algoritmos, as pessoas são boas em compreender a natureza do interlocutor. O próprio Kosinski, por exemplo, sem dúvida alguma, é aberto, amável e extrovertido. É uma pessoa que gosta de brilhar e de ser admirado e que, com suas mensagens simplificadas, nem sempre alcança o nível de conscienciosidade que costuma ser exigido de um cientista. Não é? Sim, ele diz com um sorriso, na maioria das vezes, a primeira avaliação que fazemos do outro é correta: "As pessoas precisam saber avaliar outras pessoas". Quando alguém se irrita facilmente, devo estar atento a ele e me proteger dele? Ele é confiável? Ou inconstante? Perceber isso pode ser importante para a sobrevivência. Existem, porém, limites para as qualidades de perfilador do cidadão mediano. Muitas vezes, ele deixa se enganar. Como diz um velho ditado: Você só vê a parte externa da cabeça.

É realmente um velho ditado. No mínimo, ele surgiu antes das pesquisas de Michal Kosinski. E numa época em que as atividades das pessoas ainda não deixavam rastros digitais na internet em quantidades inimagináveis. Em 2012, foram 500 *megabytes* por pessoa e por dia, em 2025, acreditam que serão gigantescos 62 *gigabytes*. Desses dados, que, muitas vezes, geramos inconscientemente, Kosinski extrai os nossos hábitos e preferências. Ele aprendeu a ver a parte interna da cabeça.

Com uma probabilidade de 93%, seus algoritmos conseguem determinar se foi uma mulher ou um homem que deixou os rastros, relata Kosinski. Com uma probabilidade de 82%, se a pessoa é cristã ou muçulmana, com uma probabilidade de 85%, se ela é democrata ou republicana, com uma probabilidade de 65%, se é solteira ou se está num relacionamento. Os algoritmos reconhecem com uma precisão de 88% se um homem é *gay* e com uma precisão de 75% se uma mulher é lésbica. Em 60% dos casos, ele consegue dizer se os pais de uma pessoa ainda estavam casados quando esta completou 21 anos de idade. Essa avaliação ainda é mais exata do que o uso de uma moeda para responder à pergunta.

Por mais surpreendente que isso pareça ser, a princípio, existe uma explicação fácil para o fato de esses prognósticos serem possíveis. As pessoas fazem essas avaliações até mesmo sem computador. Como deve ser alguém que gosta de "Hello Kitty"? É altamente provável que essa pessoa seja "feminina" e "jovem". Um membro da associação norte-americana dos proprietários de armas National Rifle Association? Provavelmente um eleitor de Trump. E um fã de Lady Gaga? Provavelmente mais extrovertido do que introvertido. Mas os algoritmos conseguem fazer mais – pois eles dispõem não só das experiências que uma única pessoa acumula ao longo de sua vida. Quando os computadores analisam milhões e milhões de dados, eles conseguem reconhecer conexões completamente novas. "Assim, características psicodinâmicas tornam-se altamente previsíveis", diz Kosinski.

Para o seu algoritmo, basta avaliar dez *likes* na internet para avaliar a personalidade de um ser humano melhor do que os seus colegas. Depois de 100 *likes*, o computador supera a capacidade de parentes e amigos. E 250 *likes* bastam para ser melhor do que o cônjuge. "250 *likes* são alcançados rapidamente", explica Kosinski. "E você nem precisa estar no Facebook para deixar esse tipo de rastros, isso acontece por toda parte na internet."

E, também, Jule Specht acredita que esse tipo de análise da alma humana pode se tornar algo muito confiável. "Os programas de computadores conseguem extrair e deduzir muito dos rastros na internet", afirma ela. Em comparação com os testes de personalidade clássicos, essas análises possuem uma vantagem decisiva: as pessoas fornecem suas informações de forma inconsciente, com seus hábitos de navegação na internet e com seus *likes*, elas revelam de forma lúdica as suas preferências e atitudes, enquanto os testes pedem sua visão de si mesmas – sabendo perfeitamente que suas respostas serão avaliadas. Muitas vezes, as pessoas são influenciadas por essa situação de teste e fornecem as respostas que elas supõem ser as desejadas. O problema é: se isso funciona, o professor inteligente na Califórnia não é o único que consegue ser a personalidade de outra pessoa. Ditadores também conseguem, assim como o gerente da campanha eleitoral de Donald Trump, e o diretor de vendas da Amazon. A pessoa que consegue entender o outro consegue também manipulá-lo. "É como um furacão", alerta Kosinski. "Quanto melhor nos prepararmos para isso, mais seguros estaremos todos nós."

Por isso ele também recusou a proposta dos homens da empresa de análise de dados Cambridge Analytica que bateram à sua porta pouco tempo após sua primeira publicação importante. Queriam recrutá-lo, aproveitar o seu conhecimento e as suas habilidades, para a manipulação de pessoas chamada *marketing*. Mais tarde, alegaram ter conseguido isso sem a ajuda dele: graças aos métodos dele, eles teriam elegido Trump como presidente e convencido os britânicos a votarem pelo Brexit, contou o chefe da empresa Alexander Nix à revista suíça *Magazin*. Durante a campanha eleitoral, a empresa tinha publicado 175.000 postagens diferentes. Elas apresentavam variação mínimas para conquistar os leitores para Trump, levando em conta a psique deles. Sabemos também: a empresa espiou os dados de milhões de usuários do Facebook e os usou para os seus propósitos. Desde então, muitas pessoas discutem sobre a pergunta o que há de verdadeiro nessa história sobre o brilhantismo da campanha eleitoral de Trump. O próprio Kosinski é cético: "Donald nunca me ligou para me agradecer", diz ele com um sorriso. Em termos gerais, porém, manipulações são possíveis: se você espiar as pessoas, você pode lhes enviar especificamente aquelas mensagens que terão um impacto sobre elas. Talvez isso não permita transformar uma esquerdista em uma eleitora da extrema direita, mas, às vezes, basta um pouquinho de insegurança ou afirmação para influenciar um eleitor indeciso. "E isso pode ter um efeito estatístico", afirma Kosinski.

Em novembro de 2018, o psicólogo demonstrou de forma muito concreta como isso funciona: ele enviou um anúncio de produtos cosméticos para 3,5 milhões de usuários do Facebook, alguns receberam anúncios adaptados à sua personalidade. Quando o algoritmo os avaliava como extrovertidos, eles viam a imagem de uma dançarina com um batom cor de rosa. Os introvertidos recebiam a imagem de uma mulher com um sorriso tímido, cabelos presos e uma pele levemente rosada. O grupo que recebeu o anúncio adaptado à sua personalidade, comprou 50% a mais do produto de beleza.

Michal Kosinski já tirou as conclusões para a sua vida pessoal: ele raramente se manifesta na internet. Qual é a idade exata dele? Onde ele nasceu? Ele fornece esse tipo de dados apenas em conversas pessoais. Ele só publicou 445 vezes no Twitter e só deu 211 *likes*. "Eu sei o que os algoritmos podem extrair dessas informações", diz ele. No futuro, porém, assim acredita Kosinski, isso não bastará mais para se proteger. "Mesmo se deixarmos nosso celular em casa, nós continuaremos a andar pelas ruas e a sermos filmados por câmeras." Na China, instituições estatais já estão analisando essas gravações. O grande líder já sabe quem costuma ir, para onde e em quais horários. Em breve, porém, os ditadores poderão ser capazes até de ler rostos, alerta Kosinski. Este é o seu mais recente projeto de pesquisa. E sua aplicação prática seria o próximo passo na medição da alma. Kosinski alega já poder reconhecer com alguma precisão se alguém é homossexual baseando-se na expressão de seu rosto, no tipo de óculos que a pessoa usa e no seu corte de cabelo. E muito mais será possível: informações sobre a inteligência, orientação política e ambições criminosas. Por causa dessas teses, Kosinski está sofrendo alguma resistência atualmente. Isso é besteira, argumentam seus críticos. Já 100 anos atrás, os cientistas teriam fracassado com suas teorias sobre a fisionomia. Kosinski não se importa muito, pelo menos finge não se importar. "Hoje ninguém jogou tomates em mim", ele diz e ri. "Aparentemente, não há nenhum cientista social no público. Pois para eles é um tabu basear suas deduções sobre a psique na aparência externa."

Mesmo que a medição de crâneos e características do rosto evoque associações altamente desagradáveis: dia após dia, as pessoas fazem afirmações sobre características íntimas de outras pessoas baseando-se em sua aparência, sem a ajuda de computadores e com uma precisão menor. Reconhecemos o sexo normalmente de imediato. Também conseguimos reconhecer emoções, mesmo quando a pessoa tenta escondê-las. E alguns rostos revelam doenças. Se levarmos em conta também o estilo de roupa que a pessoa usa, muito mais do que isso é possível. Quem depende de assistência social? O homem de terno da Armani ou o homem de boné virado para trás? Quem é mais tímida – a mulher com o sorriso contagiante ou a mulher com a blusa abotoada até o colarinho? "Na maioria das vezes, temos uma noção disso", afirma Kosinski. Além disso, suas análises não estudam o traçado do nariz ou a forma da testa, como faziam há 100 anos. Os computadores tiram suas conclusões analisando milhares de pontos nos rostos de milhares de pessoas. "E isso permite muitas deduções."

Evidentemente, computadores também cometem erros. "O Google Maps também erra às vezes", diz Kosinski, "mas também sei o quanto vale o mapa desenhado por meus amigos". Percebe-se que ele já se cansou um pouco dessa discussão. Sim, às vezes, os resultados obtidos ainda deixam a desejar. Mas os algoritmos estão melhorando. E, para os ditadores que mandam prender os homossexuais, não se importam se sua análise apresenta uma precisão de apenas 80%.

Os cenários que Kosinski projeta aqui são terríveis. E, por vezes, ele até brinca com isso, quando encerra suas publicações com a advertência: "Essa pesquisa pode ameaçar o bem-estar, a liberdade ou até mesmo a vida". Se isso se tornar realidade – ele não será o responsável por tudo isso? Ele diz: "Não acho que essa seja uma pergunta justa". Algoritmos já são usados por governos e instituições, ele não está impulsionando isso. "Essas coisas já estão sendo feitas. Eu só alerto o público. Por que isso me tornaria responsável?" Até parece que a pergunta o ofende. Afinal de contas, ele só quer saber o que é possível. Para que as sociedades possam esclarecer o que deve ser possível. O fato de que a sua pesquisa pode ajudar também o lado escuro do poder – ele está disposto a pagar esse preço. "Quando você alerta as pessoas, você chama também a atenção do mal. Isso sempre é assim. Preciso aceitar isso."

TESTE:
QUAL É A MINHA PERSONALIDADE?

Nos últimos capítulos, aprendemos: as características que manifestamos em determinado momento dependem do dia; dependem do nosso humor, das pessoas com as quais interagimos, das tarefas que devemos ou queremos cumprir e de muitos outros detalhes. Tudo isso, porém – a despeito de toda a flexibilidade do nosso eu – ocorre na base da nossa personalidade. Nossa tendência à extroversão ou à introversão, nossa conscienciosidade no cumprimento de nossas tarefas ou nosso desleixo com compromissos e obrigações; grande parte disso está ancorado em nossos genes. Tendo essas predisposições como ponto de partida, nós então nos adaptamos às circunstâncias externas e somos – dependendo da fase da vida em que nos encontramos atualmente – abertos para novas aventuras, mais temerosos ou cautelosos ou amáveis no convívio com outras pessoas. Por isso, os testes de personalidade são capazes de nos fornecer uma visão geral de como nós somos equipados com essas características fundamentais. Testes cientificamente fundamentados, como o desenvolvido por McCrae e Costa, os pais dos *Big Five*, são extremamente extensos. O teste original NEO-PI-R precisava de 240 respostas às suas perguntas. Mais tarde, Costa e McCrae desenvolveram uma versão mais curta, chamada NEO-FFI, com 60 perguntas, traduzidas para o alemão por Peter Borkenau e Fritz Ostendorf. Mas existem também testes ainda mais sucintos (como, por exemplo, o teste abaixo), que permitem uma classificação rápida.

Mas por que deveríamos fazer testes desse tipo? "Todos nós somos um pouco inseguros quando se trata de quem realmente somos", diz John A. Johnson, professor de Psicologia na Penn State University. Ele se ocupa há anos com testes de personalidade e desenvolveu seus próprios testes online (em inglês) com base nos *Big Five*. Os testes com 300 e 120 perguntas, respectivamente, podem ser encontrados na internet (cf. o link na página 251). "Todos nós somos seres multidimensionais com muitos pensamentos, sentimentos e impulsos, que, às vezes, contradizem uns aos outros" – isso nos leva a desejar que alguém nos diga quem nós somos de verdade. Além disso, gostaríamos de saber como somos vistos pelos outros. Isso, porém, é difícil de analisar com esse tipo de testes. Eles só são um espelho de como nós mesmos nos vemos.

Como mero exercício de classificação, você pode fazer o teste. No fim, você poderá avaliar em termos bem gerais quais dimensões da personalidade mais se destacam em você – pelo menos no momento em que você responder às perguntas. Num pequeno desvio dos *Big Five*, analisamos aqui não o neuroticismo, mas a estabilidade emocional. Essas duas classificações são simplesmente os polos opostos da mesma dimensão da personalidade. "Neuroticismo" é uma palavra terrível. Visto, porém, que nenhum dos fatores da personalidade humana é realmente negativo, usamos aqui o termo positivo. Uma pessoa que é rotulada pela ciência como "tendendo ao neuroticismo" é medrosa, preocupada e levemente estressada. Mas podemos dizer a mesma coisa de forma um pouco mais amigável: ela não é tão estável emocionalmente.

• Abaixo você encontrará 25 afirmações. Com algumas, você concordará de todo coração, outras parecerão não ter nada a ver com você.

• Use a escala de 1-5 para dizer o quanto você concorda com as afirmações.

• Não existem respostas corretas e incorretas. Seja aberto e honesto em sua avaliação. E os resultados serão mais confiáveis se você responder o mais rápido possível e não corrigir as suas respostas.

	Discordo totalmente	Discordo	Concordo em parte	Concordo	Concordo plenamente	
Sempre sei onde estão as minhas coisas	1	2	3	4	5	CO
Gosto de viajar para terras estranhas	1	2	3	4	5	AB
Críticas raramente me afetam por muito tempo	1	2	3	4	5	ES
É fácil encontrar amigos novos	1	2	3	4	5	EX
É importante que os outros se sintam bem	1	2	3	4	5	AM
Tenho tantas ideias que não consigo realizar todas elas	1	2	3	4	5	AB
Nunca tenho medo do futuro	1	2	3	4	5	ES
Quando prometo algo, eu cumpro	1	2	3	4	5	CO
Prefiro uma festa a um livro	1	2	3	4	5	EX
Guardo palavras maldosas por muito tempo	1	2	3	4	5	ES
Acredito no bem nas pessoas	1	2	3	4	5	AM
Pressão não me afeta	1	2	3	4	5	ES
Gosto de conhecer pessoas novas	1	2	3	4	5	EX
Gosto de experimentar coisas novas	1	2	3	4	5	AB
Gosto de trabalhar em equipe	1	2	3	4	5	AM
Eu trabalho com cuidado	1	2	3	4	5	CO
Estou satisfeito na maior parte do tempo	1	2	3	4	5	ES
Gosto de estar com outras pessoas	1	2	3	4	5	EX
Sou sempre pontual	1	2	3	4	5	CO
Cultura me interessa muito	1	2	3	4	5	AB
Eu sempre ajudo os outros	1	2	3	4	5	AM
Sempre completo minhas tarefas dentro do prazo	1	2	3	4	5	CO
Sempre quero conhecer e saber mais	1	2	3	4	5	AB
Quando há briga, eu sou o pacificador	1	2	3	4	5	AM
Gosto de fazer novos contatos	1	2	3	4	5	EX

Avaliação:

Some os pontos para as diferentes dimensões de sua personalidade de 1 (discordo totalmente) a 5 (concordo plenamente). Faça então um "x" nos respectivos lugares na tabela abaixo. Assim você poderá ver quais características você considera especialmente desenvolvidas em si mesmo.

		Os pontos das cinco perguntas referentes a essa dimensão					Total
AB	Aberto						
CO	Consciencioso						
AM	Amável						
EX	Extrovertido						
ES	Emocionalmente Estável						

Eu sou...

	Aberto	consciencioso	amável	estável	extrovertido
altamente (21-25 pontos)					
muito (16-20 pontos)					
mais ou menos (11-15)					
um pouco (6-10)					
nem um pouco (1-5 pontos)					

RESSONÂNCIA – OU AS DECISÕES IMPORTANTES

Era verão na Escandinávia quando Greta Thunberg começou a mudar o mundo. Uma garota da qual ninguém teria esperado isso. Muito menos seus próprios pais. Havia anos que sua filha lhes causava preocupações terríveis, e os pais se perguntavam se Greta sobreviveria aos próximos meses. Até o dia em que Greta Thunberg se sentou na praça na frente do parlamento sueco, ela tinha sido uma jovem que não chamava a atenção de ninguém, que, na verdade, tinha problemas suficientes consigo mesma. Mas os problemas do mundo lhe pareciam ainda maiores – e tão insuportáveis que ela precisou fazer algo contra eles. Assim, aquela garota que, na época, tinha 15 anos de idade, produziu uma placa de compensado, escreveu nela as palavras *Skolstreijk för klimatet* – "Greve escolar para o clima" – e demonstrou na frente do parlamento sueco.

Isso foi em 20 de agosto de 2018. A partir de então, Greta aparecia todas as sextas-feiras e demonstrava, em vez de ir para a escola. Sozinha e em silêncio, ela ficava sentada na frente do Riksdagshuset em Estocolmo, com suas finas tranças louras e uma expressão séria e tão comovente para o rosto de uma adolescente.

Greta tinha um único objetivo diante de seus olhos: ela queria que os políticos entendessem que as mudanças climáticas estavam ameaçando o futuro do planeta e, portanto, também o futuro da juventude. O futuro dela. Aquela jovem sueca simplesmente se recusava a aceitar que, aparentemente, os adultos não se davam conta disso. Que simplesmente continuavam a destruir o meio ambiente, como se os sinais da catástrofe iminente não fossem gritantemente visíveis. Os políticos deviam parar de roubar o futuro da juventude.

Poucos meses depois, nada era mais como tinha sido. Aquela Greta calada tinha iniciado um movimento internacional. Dezenas de milhares de jovens demonstravam agora sob o lema *Fridays for Future* – "Sextas-feiras para o futuro" – toda sexta-feira de manhã durante o horário escolar; em 15 de março de 2019, no dia da greve global pelo clima, 1,4 milhão de jovens participou da greve – um número incrível. No dia 2 de setembro, foram até dois milhões de jovens. Para eles, Greta era igual à criança do conto de fadas de Hans Christian Anderson, a única que ousou dizer o que todos estavam vendo: que o imperador estava nu, que os governantes estavam provocando uma catástrofe e que os adultos só assistiam sem abrir a boca.

Assim Greta se tornou a heroína de uma nova juventude politizada. As mídias do mundo inteiro fizeram reportagens sobre a jovem sueca. De trem, ela viajava para Londres, Hamburgo e Berlim para participar das greves escolares. E, finalmente, os adultos começaram a prestar atenção. Agora, já com 16 anos de idade, Greta Thunberg recebeu uma audiência com o papa, fez um discurso no parlamento da União Europeia, na Conferência sobre as mudanças climáticas das Nações Unidas em Katowice, na Polônia, no Fórum Econômico Mundial em Davos, na Suíça, na Câmara dos Comuns em Londres, na Inglaterra e no senado italiano. E, de repente, seu nome apareceu na lista da revista *Time Magazine* das "100 personalidades mais influentes de 2019". E ela até foi nomeada para o Prêmio Nobel da Paz. Os famosos deste mundo, desde Barack Obama até ao Dalai Lama, elogiavam a jovem de Estocolmo, e a revista britânica de moda e arte *i-D* constatou que ela era "a garota que transformou o mundo".

No entanto, aconteceu algo que é muito mais surpreendente: a própria Greta também mudou – mais do que seus pais jamais teriam ousado sonhar. Ela aceitou seu papel como heroína do movimento *Fridays for Future*. Ela o aceitou a despeito de seu grande medo de pessoas estranhas e de não gostar de crianças. Muitas vezes, havia sido atormentada por elas.

Ela está irreconhecível, disse seu pai Svante Thunberg ao correspondente na Escandinávia Kai Strittmatter, do jornal *Süddeutsche Zeitung*. A Greta que tinha se sentado na frente do parlamento sueco, em agosto de 2018, jamais teria conseguido ficar diante de um grande número de pessoas e fazer um discurso. "Ela teria sofrido crises de pânico e teria fugido às pressas." Fora da família, ela praticamente não conseguia falar com ninguém. Depois desses eventos, isso mudou de forma tão drástica que seus pais ainda não conseguem acreditar. "Se tivéssemos tempo para refletir sobre isso, nós seríamos muito, muito gratos", diz Svante Thunberg.

Durante muitos anos, a vida de Greta tinha sido tudo menos fácil. Ela chorava muito e mal se alimentava. Ela comia tão pouco que um medo constante dos pais era que ela morreria de fome. Desde pequena, os colegas pegavam no pé de Greta, a excluíam e até a espancavam. Quando sua mãe a consolava dizendo que, algum dia, ela também encontraria amigos, ela respondia: "Eu não quero amigos. Amigos são crianças, e crianças são más". Não havia dúvidas de que Greta era diferente das outras crianças em sua turma. Já muito cedo, os médicos tinham diagnosticado nela a Síndrome de Asperger, uma forma especial de autismo. Muitas vezes, as pessoas com Asperger são altamente inteligentes e, às vezes, têm *hobbys* e habilidades extraordinárias. Greta, por exemplo, sabe falar de trás para frente. E em menos de um minuto, ela consegue recitar todos os elementos químicos da tabela periódica na sequência correta, desde o número atômico 1, hidrogênio, até o número atômico 118, oganessônio. Ela também conhece todas as capitais do mundo. À pergunta pela capital do arquipélago subantártico Kerguelen, ela responde sem pensar duas vezes: "Port-aux-Français". E à pergunta pela capital de Sri Lanka, ela responde imediatamente: "Sri Jayawardenepura Kotte". E também esse nome ela sabe falar de trás para frente – na mesma velocidade. Mas como todas as pessoas que sofrem de algum tipo de autismo, os autistas com Asperger têm dificuldades de construir relacionamentos com outras pessoas; eles evitam olhar nos olhos de outros e, normalmente, são muito sensíveis. Um excesso de estímulos os deixa atormentados – barulho ou toques, por exemplo. Além disso, eles tendem a se interessar muito por determinados temas, como a Greta pela mudança climática. Isso começou quando ela, aos oito anos de idade, viu na escola um filme sobre a poluição dos mares do mundo: então, de acordo com a narrativa dos pais, o medo dela pelo futuro da Terra se tornou tão grande que a garota, que já era triste, perdeu todo ânimo de vida. Ela caiu numa depressão e desenvolveu um distúrbio alimentar. Na época, a mãe escreveu em seu diário: "A nossa filha está desaparecendo num tipo de escuridão. Ela parou de rir. Ela parou de falar. Ela parou de comer". À noite, Greta chorava na cama, ela chorava a caminho da escola, ela chorava durante as aulas e nos intervalos. Quase que diariamente, seus professores ligavam, dizendo que assim não dava para continuar, que alguém precisaria vir para pegá-la. "Minha depressão teve muitas causas, mas a preocupação com o clima teve uma grande parte nisso", diz Greta Thunberg hoje. "Eu tinha a sensação de que nada fazia mais sentido, já que todos nós morreríamos de qualquer jeito."

Nas semanas seguintes, ela perdeu dez quilos. Os pais tentaram de tudo, mas a única coisa que funcionava mais ou menos era dar o tempo que ela precisava para comer, de preferência na frente da TV, que a distraía, não forçá-la a comer e anotar minuciosamente tudo que ela ingeria – para não entrar em pânico, para saberem que sua filha não estava comendo nada. "Café da manhã: um terço de uma banana. Tempo: 53 minutos", os pais anotavam numa folha A3 que estava pendurada na parede da cozinha. Ou: "Almoço: 5 *gnocchi*. Tempo: 2 horas e 10 minutos".

Assim relatam os pais de Greta em um livro no qual descrevem 92 cenas da vida da família e que foi publicado na Suécia ainda antes de Greta começar a sua greve. Nesse livro, os pais e suas duas filhas Greta e Beata, que, além de outros distúrbios, também foi diagnosticada com uma leve forma de autismo, descrevem como a família quase sofreu um colapso sob o fardo dos problemas. "Precisávamos escrever sobre isso, juntos", assim conta a mãe Malena Ernman, uma cantora de ópera famosa na Suécia. "Pois estávamos na merda. Eu estava na merda. Svante estava na merda. As crianças estavam na merda. O planeta estava na merda. Até o cachorro estava na merda." Na época, porém, ninguém quis ouvir isso. Ninguém além da família demonstrou qualquer interesse por eles, conta Greta hoje. E nas primeiras semanas que ela passou na frente do parlamento sueco, também mal deu atenção a ela. As pessoas nem olhavam para ela. "Beata e eu, nós éramos as garotas invisíveis", diz Greta Thunberg. "Éramos caladas e mal ocupávamos espaço."

Hoje, Greta exige espaço. Ela ainda é tímida. Olhar nos olhos de um estranho, conversas pessoais continuam sendo difíceis. Mas ela encara outras pessoas, até mesmo multidões, ela faz palestras e dá entrevistas. Quando se trata do clima, ela consegue enfrentar tudo isso. "Quando falo sobre o clima, todo meu nervosismo desaparece", ela explica. "Porque eu tenho uma mensagem."

Seus pais a ouviram! Foi isso que iniciou sua transformação. Greta tem certeza disso. A mãe deu o primeiro passo. Como cantora de ópera, Malena Ernmann tinha viajado por todo o planeta e foi celebrada em Tóquio, Madri e Viena. E como ator e produtor de filmes, também o pai Svante Thurnberg, viajava tanto que ele possuía dois cartões de ouro de programas de milhagem. Mas, já que Greta não parava de insistir e seus argumentos eram irrefutáveis – como admite o pai – certo dia os pais pararam de viajar e decidiram ficar em casa. O pai se tornou vegano, a mãe, vegetariana. "Greta ficou tão feliz. Porque a ouvimos. E reagimos. As palavras dela faziam uma diferença. Ela estava sendo vista", conta o pai. Sim, essa experiência ajudou a tirá-la da depressão, confirma Greta, a afugentar a sensação de impotência. "Vi que eu era capaz de convencer as pessoas a mudar algo."

Durante quatro ou cinco anos, ela não conseguia nem encontrar a força para fazer uma caminhada longa, sempre estava com dor de cabeça. Durante um ano inteiro, ela não foi à escola. "E de repente observamos como ela se transformava em outra pessoa", conta Svante Thunberg. No terceiro dia, na praça na frente do parlamento sueco, alguém ofereceu à garota, que não comia praticamente nada, um prato de arroz de um restaurante tailandês. Ela comeu. "Não acreditamos naquilo que estávamos vendo", conta o pai. Agora, Greta, que costumava entrar em pânico tão facilmente, grita para os membros importantes de parlamentos políticos e conferências: "Vocês são imaturos demais!" E: "Eu quero que vocês entrem em pânico!"

Inseridos num sistema de ressonância

Sem exagerar, podemos constatar: dentro de poucos meses, Greta Thurnberg se transformou em outra pessoa. Ela é inconfundivelmente Greta. E de modo igualmente inconfundível, ela está irreconhecível. Pedopsiquiatras, como Franz Joseph Freisleder, o diretor médico da clínica Heckscher, em Munique, tentam entender como é possível que uma criança com Síndrome de Asperger possa passar por tamanha transformação. "Normalmente, esse distúrbio é grave e crônico. Isso levanta a pergunta se o diagnóstico é correto", ele diz. Mas, independentemente da pergunta se Greta realmente sofre de Asperger ou se seu antigo comportamento se devia a outras coisas, sua transformação parece ser imensa.

Uma explicação perspicaz para o desaparecimento de suas depressões, para a superação de seu medo de lugares públicos e pessoas estranhas é fornecida pela própria Greta: ela tem um objetivo. E experimentou que ela consegue conquistar e incentivar outros a segui-la. "Eu me sinto cheia de energia. Tenho influência. Tenho uma missão." Ter um objetivo e valores que orientam nossas ações, reconhecer um sentido naquilo que fazemos – esses são os alimentos básicos da alma. É isso que impulsiona as pessoas, que as satisfazem e que aumentam a autoconfiança. Mas isso não é tudo. Igualmente importante é o segundo aspecto citado por Greta: a fé de poder efetuar algo – os psicólogos chamam isso de "expectativa de autoeficácia". Saber que nós podemos mudar a nossa situação, que podemos formar um pouco o mundo pelo menos no nosso próprio contexto e ambiente, que os outros nos ouvem, que eles nos levam em conta e acatam e realizam nossas ideias: todos esses fatores compõem uma vida psiquicamente saudável. Eles fortalecem uma pessoa – e eles também a moldam e formam. Portanto, não são só as nossas convicções e nossos valores que determinam nossa personalidade. Essenciais são também as reações dos outros, o *feedback* que eles nos dão, a reação que eles mostram. Greta recebeu muito encorajamento no Riksplan. Ela percebeu que estava exercendo influência sobre os outros, que um número cada vez maior de jovens a imitava e que eles estavam levando a sua greve até para outros países. Aquilo a incentivou a continuar. E já que sua missão era tão importante para ela, mais importante do que seu medo, Greta começou a interagir cada vez mais com outras pessoas. Ela teve de interagir. Foi aí que ela percebeu que nem todos eram maus. Que nem todas as crianças e nem todos os estranhos queriam machucá-la, que muitos a tratavam de forma amigável. E ela percebeu também que pode ser uma grande vantagem conversar com os outros.

Vale para todas as pessoas: nós mudamos quando o mundo em nossa volta muda. Nós e o mundo, isso é um sistema de ressonância. Quando ocupamos um novo papel na sociedade, no local de trabalho ou na família, nós mudamos um pouco. E já que o mundo muda o tempo todo, nosso si-mesmo também muda constantemente. Não importa o que façamos ou deixemos de fazer, não importa quem conheçamos, nós sempre recebemos um retorno, uma reação e disso tiramos nossas consequências. Nós entramos em sintonia e vibramos na frequência daquilo com que somos confrontados. Ou nós resistimos porque não gostamos daquilo que acabamos de provocar. Percebemos que nosso comportamento gera uma ressonância positiva ou negativa. E tiramos nossas conclusões disso. Assim a nossa personalidade muda como um eco à vida. Isso já começa na primeira infância – e não para nunca mais.

O ser humano depende profundamente de ressonância, escreve o cientista social Fritz Rebeis. "Quando nós nos comunicamos, esperamos compreensão, quando nos esforçamos, esperamos reconhecimento, quando amamos, esperamos ser amados. Sempre fazemos algo para termos algum retorno."

A ressonância se manifesta até no nível físico. Nós copiamos a postura do nosso interlocutor e nos adaptamos à linguagem de seu corpo. E nosso cérebro se adapta à vibração do cérebro do outro: quando duas pessoas conversam uma com a outra, suas ondas cerebrais são sincronizadas, como mediram cientistas espanhóis no ano de 2017. Eles registraram as ondas cerebrais com a ajuda da eletroencefalografia (EEG). De acordo com esse estudo, os nossos cérebros adotam as frequências do interlocutor – mesmo quando não conseguimos ver a pessoa com a qual estamos falando. "Existe uma conexão entre os cérebros que transcende o mero processamento linguístico", diz Jon Andoni Duñabeitia, um dos cientistas.

A influência de outras pessoas sobre nós é, portanto, imensa. Acreditamos ser autoconfiantes, conscienciosos ou amáveis, porque, supostamente, isso está profundamente enraizado dentro de nós. Mas quão profundas são essas raízes de fato – e de onde vêm essas características? As características que formam o nosso caráter e com as quais nos definimos raramente são inatas. Mesmo que, muitas vezes, os bebês nasçam com determinada autoconfiança – alguns são mais medrosos; outros, curiosos; alguns parecem contentes; e ainda outros, mais dengosos. Mas não podemos dizer que bebês são ordeiros, prestativos ou generosos. São os pais, amigos, conhecidos e, mais tarde, os colegas e concorrentes que despertam e incentivam tais características numa pessoa, quando dizem coisas que nós acatamos e interiorizamos como crenças.

"Você é tão amigável", as pessoas dizem, "é tão legal como você gosta de ajudar os outros". Ou: "Deixa de ser tão sensível". Dessa forma, a convicção de quem somos, de quem devemos ser e de quem não devemos ser é formada em grande parte por outros, afirma o psicanalítico Paul Verhaeghe. Portanto, não somos tão autônomos na forma como sentimos, nos comportamos e nos descrevemos. Nossa autopercepção sempre é perturbada, encorajada e alterada pelas reações dos outros. Recebemos constantemente um *feedback* social. Não só porque os outros nos elogiam ou jogam coisas desagradáveis na nossa cara, mas também porque observamos como os outros reagem a nós.

Com base em tudo isso deduzimos quem somos. E, às vezes, somos assustadoramente ingênuos. Durante anos, cumprimos as ordens dos nossos pais: escolhemos a profissão que eles nos sugerem e, inconscientemente, procuramos um parceiro que acreditamos corresponder às exigências dos nossos pais. Às vezes, precisamos de anos para perceber que nem sempre agimos e somos como os outros nos descrevem e como nós mesmos acreditávamos ser. Naturalmente, porém, não cumprimos todas as instruções que o nosso ambiente nos dá. Muitas vezes, fazemos o contrário. Isso começa com a primeira fase da teimosia na infância e não para com a puberdade. "Nossa identidade é sempre um campo de tensão entre dois polos, entre a concordância com outros e o distanciamento deles, e isso desde o início", explica Verhaeghe. A distância e a busca por autonomia são tão importantes para a nossa identidade quanto a identificação – pois é assim que nos tornamos inconfundíveis. Queremos fazer parte do todo, mas ao mesmo tempo queremos ser também independentes. Como ser social que busca a individualidade, o ser humano tem duas necessidades que se encontram em conflito constante – essa é também a opinião do psicólogo social e de comportamento norte-americano Brian Lowery: "Desejamos uma conexão social íntima e, ao mesmo tempo, liberdade pessoal, e muitas vezes ficamos tateando desorientados entre esses dois polos".

Por isso, precisamos nos rebelar contra os pais, a escola e a sociedade durante a adolescência. Nós abandonamos os padrões que nos foram impostos e experimentamos como é levar uma vida diferente. Mas quando os jovens acreditam ser totalmente si mesmos nesse momento, eles ignoram algo essencial: o modo como se comportam no momento não é determinado tanto por sua própria pessoa, mas principalmente pela vida que tiveram até então e pelas pessoas que fizeram parte dela. Assim alguns protestam com roupas pretas contra o excesso de mentalidade burguesa em casa, mas outros usam camisas passadas para protestar contra o desleixo ofensivo de seus pais. Ainda outros se revoltam com orgias de *Big Macs* contra o terror ecológico na sala de jantar em sua casa.

Mesmo como adultos, nós nos pegamos por vezes fazendo coisas só porque uma outra pessoa quer que nós *não* as façamos. Falando nisso, essa é uma característica que, na educação, pode ser altamente útil por meio da "intervenção paradoxal". É maravilhoso como isso funciona com as crianças. Podemos dizer a ela: "Pegue as batatas, mas hoje só os adultos podem comer o espinafre!" E, muitas vezes, a crença "Eu não gosto de espinafre", que, um instante atrás, ainda era válida, passa a pertencer ao passado. Identidade é, portanto, sempre apenas um estado passageiro – o resultado atual da interação entre concordância e distanciamento. E, no fim das contas, a identidade é somente um conjunto de representações e imaginações, como explica Paul Verhaeghe. Em palavras ainda mais drásticas: "Um conjunto de representações, que o mundo exterior adaptou perfeitamente a nós". A prova viva e convincente disso são, na opinião de Verhaeghe, as crianças adotivas. De certa forma, elas são "experimentos científicos" no campo do devir do eu, como diz o psicanalista. Quando você traz uma garotinha da Índia para Amsterdã, ela adota uma identidade holandesa. Se, como adulta, ela for à procura de suas raízes, ela costuma se decepcionar. Pois ela não encontrará muita coisa na Índia. "Possivelmente, essa garota se sentirá mais estranha na Índia do que qualquer outra mulher de Amsterdã", explica Verhaeghe, e deduz disso: "A identidade está mais vinculada ao devir do que ao ser, e esse devir começa já no nosso nascimento".

A psicóloga e terapeuta comportamental Eva Jaeggi acredita que, hoje, o eu se encontra num processo especial de mudanças. Pois, graças à mobilidade do nosso tempo, as pessoas estão sujeitas a um número maior de mudanças de maior alcance do que as gerações anteriores. "Ao longo da nossa vida, nós visitamos mais lugares, conhecemos mais pessoas e somos expostos a mais situações sociais transformadoras do que antigamente."

Os primeiros anos e a influência da criação

Em tudo isso a importância da infância não é tão grande quanto pensávamos por muito tempo. Desde que Sigmund Freud espalhou suas teorias sobre a importância da primeira infância com tanto sucesso entre as pessoas, nós acreditamos firmemente que nós somos um produto das alegrias e dos sofrimentos que vivemos nos nossos primeiros anos de vida. Livros campeões de venda como *Das Kind in dir muss Heimat finden – Der Schlüssel zur Lösung (fast) aller Probleme* [A criança dentro de você precisa encontrar um lar – A chave para a solução de (quase) todos os problemas], de Stefanie Stahl, são testemunhos do anseio de solucionar as dificuldades da infância ainda como adulto, para poder ter uma vida feliz e liberta. A ciência moderna, porém, sabe: os primeiros anos de vida não são tão importantes quanto se acreditava por muito tempo (cf. *O amadurecimento da personalidade*, p. 67). Hoje, se olhamos para nós mesmos com desprezo e se a nossa opinião sobre nós mesmos é negativa, as causas disso podem estar na infância. Mas é grande a probabilidade de que os eventos do passado mais recente foram mais decisivos. "O que um ser humano vivenciou nos dois últimos anos é muito mais importante do que aquilo que ele vivenciou logo após o nascimento", explica Specht. De forma alguma ela está tentando nos dizer que os primeiros anos de vida não importam. Não há dúvida de que a infância pode influenciar a vida até a idade avançada – por exemplo, quando uma pessoa vivencia algo traumatizante ou não recebe amor como criança. Isso pode ficar profundamente gravado na alma e exercer uma influência vitalícia sobre a forma em que lidamos com outras pessoas, com medo, com estresse ou com tristeza.

E na infância muitas decisões importantes são tomadas sobre o rumo que a vida seguirá. Afinal de contas, importa qual escola você frequenta ou como pais e irmãos são tratados. Problemas são discutidos à mesa de jantar? O tom dominante é benevolente e estimulante? Uma criança pode mostrar seus sentimentos ou eles são percebidos como algo que atrapalha o dia a dia? Qual é a postura dos colegas na escola em relação a drogas e violência? Se uma criança aprende a dar atenção às suas próprias necessidades ou se ela as esconde do mundo – isso faz uma diferença para as experiências que essa criança fará como adulto. Nesse sentido, a infância determina naturalmente a quais influências nós nos expomos e como nós as vivenciamos. Mas aquilo que acontece agora marca uma pessoa com uma intensidade muito maior.

As próprias pessoas revelam isso quando você as pergunta. Aqueles eventos que consideramos ter um efeito especialmente negativo para a nossa vida provêm principalmente do passado recente e não da infância. As experiências positivas que nos marcaram, por sua vez, costumam pertencer a um passado mais distante, mas, na maioria das vezes, elas também ocorreram quando já éramos adultos. Foram os dois psicólogos David Rubin e Dorthe Berntsen que constataram isso quando entrevistaram 1.200 pessoas, entre 20 e 93 anos de idade, sobre seus momentos mais tristes, mais traumáticos, mais importantes e mais felizes. A maioria dos entrevistados informou que os momentos mais felizes e importantes aconteceram entre os 20 e 30 anos de vida. Eventos tristes ou traumáticos, porém, se acumulavam na memória dos entrevistados não numa fase específica da vida. Os entrevistados – e não importava se eles tinham 30 ou 90 anos de idade – contaram que eles tinham feito as piores experiências nos últimos dez anos.

Evidentemente, os eventos positivos perduram mais na memória do que os negativos, pelo menos naquela parte da nossa memória que determina a história da nossa vida e o nosso eu. Mas por que isso é assim? Pesquisas realizadas no campo da memória conhecem há muito tempo o efeito *recency*, segundo o qual as lembranças se perdem. Isso pode explicar a predominância das lembranças negativas no passado mais recente. Mas por que, então, as lembranças positivas permanecem na memória? Uma explicação é: trata-se de grandes eventos sociais como o nascimento de um filho ou o casamento, como Berntsen e Rubin descobriram com outro experimento com pessoas de 60 anos de idade. As lembranças negativas, porém, representam apenas influências meramente emocionais.

Outra explicação importante para o passado recente dos eventos negativos é: os momentos tristes são esquecidos mais rapidamente porque eles simplesmente não encontram tanta ressonância. Os afetados falam menos sobre eles, contanto que não se trate de ocorrências tão graves que chegam a determinar a sua vida e a vir à tona automaticamente. Muitas pessoas contam aquilo que as atormenta apenas a poucos confidentes, mas as histórias divertidas e alegres são narradas e compartilhadas com uma frequência muito maior. Junta-se a isso, também, o recalcamento ativo, que a psicologia atual já não vê mais como algo tão negativo quanto Sigmund Freud dizia. Afinal de contas, a vida se torna mais fácil quando não nos concentramos tanto nas coisas negativas.

E não é só a infância, a educação também parece exercer um papel muito menor no que diz respeito à personalidade de uma pessoa do que se acreditava por muito tempo. Pais de primeira viagem costumam se preocupar muito com todos os erros que cometem na criação do filho. Mas, se lermos a pesquisa mais recente, esses pais podem relaxar e se alegrar com o crescimento de seu filho. Não precisam mais ficar se atormentando e se perguntando se são rígidos demais, se estão impedindo o desenvolvimento saudável de seu filho ou se estão sendo desleixados demais, diminuindo assim as chances de desenvolvimento do filho. Pois o método de educação exerce uma influência surpreendentemente fraca sobre como o filho será no futuro.

Contanto que não cometam nenhum erro grave e traumatizem seu filho, os pais nem são tão importantes. É claro que a personalidade de uma criança também é formada pelo modo como seus pais a tratam. Mas isso é apenas uma parte pequena. Afinal de contas, as crianças têm relacionamentos não só com o pai e a mãe. Elas constroem relacionamentos com amigos que, muitas vezes, são muito mais próximos, elas conhecem professores, vizinhos, pais dos amigos. Mais tarde, cultivam a interação com seu parceiro, com colegas e muitas outras pessoas. Constantemente conhecem opiniões e modos de comportamento novos, se testam em conflitos e amizades. E já que o espírito humano é tão moldável, elas mudam o tempo todo.

Hoje, pedagogos e psicólogos do desenvolvimento questionam até a medida em que o estilo de educação dos pais influencia a criança. Os pais são relevantes? Assim perguntam e provocam Robert e Sarah LeVine, em seu livro *Do Parents Matter?* O antropólogo e professor emérito de ciências educacionais em Harvard passou muitos anos viajando pelo mundo com sua esposa e observou como as pessoas criavam seus filhos. Os dois contam do povo hansa na África Ocidental, onde as mães evitam olhar nos olhos de seus bebês para fortalecê-los para a vida.

E no Quênia, o casal LeVine conheceu pais que não conversam com seus filhos porque acreditam que isso só desvia a atenção do contato físico que, segundo eles, é muito mais importante para o desenvolvimento da criança. "Não importa o procedimento que os pais escolham – as crianças ficam bem mais tarde", diz Sarah LeVine. Sua conclusão: aquilo que os pais na Alemanha consideram irresponsável ou classificam como dureza emocional os pais de outras culturas julgam indispensável e positivo. O fato de que os pais alemães expulsam seus filhos o mais rápido possível da cama de casal e os obrigam a dormir na própria cama para que eles se tornem adultos autoconfiantes? O povo na República dos Camarões considera isso simplesmente cruel. Quando alguém lhes contou isso, eles quase não acreditaram. Como os pais na Alemanha podem fazer algo tão cruel com seus filhos? Robert e Sarah LeVine acreditam: é claro que os pais exercem uma influência sobre o desenvolvimento dos filhos, mas não tanto quanto esperam ou temem.

Um número cada vez maior de especialistas está acatando essa opinião. Também o criminólogo Brian Boutwell, por exemplo. Partindo da pergunta por que algumas pessoas se tornam criminosas e outras não, ele estuda o desenvolvimento da personalidade humana há anos. Uma coisa ele sabe: "Não importa se pai e mãe são generosos e tolerantes, se eles leem histórias para seus filhos ou se fazem qualquer outra coisa com eles – nada indica que a educação exerce uma influência tão grande sobre o desenvolvimento quanto gostaríamos de acreditar".

Mas qual, exatamente, é a influência do estilo de educação dos pais? É extremamente difícil determinar isso. Pois apesar de os pais representarem grande parte do ambiente de seus filhos mais novos, os filhos também herdam os seus genes. E estes determinam mais ou menos a metade da personalidade dos filhos (cf. *O amadureci-mento da personalidade*, p. 67). Na verdade, estilo de educação e genes só podem ser pesquisados independentemente. Quando queremos descobrir, qual fator é mais forte, devemos investigar gêmeos idênticos que cresceram em lares diferentes. Eles tiveram ambientes diferentes e receberam uma educação diferente, mas ainda possuem os mesmos genes.

Mesmo sem uma análise mais minuciosa, até o leigo é capaz de reconhecer: gêmeos idênticos que crescem no mesmo lar são parecidos em muitos aspectos. Ao mesmo tempo, porém, são surpreendentemente diferentes em muitos aspectos. Apesar de terem os mesmos genes e receberam o mesmo tipo de educação, eles podem se desenvolver de modos diferentes, como Paul e Jan Holst, que mencionei no início deste livro. Em crianças adotivas, por sua vez, que vivem no mesmo lar, encontramos algumas semelhanças no comportamento, ao mesmo tempo em que outras partes de sua personalidade se apresentam de modo altamente individual. Isso basta para mostrar: os genes exercem alguma influência – e as circunstâncias externas também. Mas o estilo de criação dos pais dificilmente terá um efeito determinante.

As possibilidades dos pais de definir o ambiente da criança são limitadas. Afinal de contas, cada criança constrói seu próprio ambiente também fora de casa, onde professores, seus amigos mais próximos e interesses pessoais exercem um papel decisivo. Irmãos gostam de encontrar para si mesmos nichos exclusivos. Quando uma criança é confiável e prestativa, a outra opta pela estratégia contrária. Uma criança na família adota o papel de palhaço; outra, o de atleta; uma terceira, o do obediente e bem-comportado. Crianças mais novas imitam os irmãos mais velhos – mas tentam também conquistar seu próprio lugar especial na família, na escola e no mundo.

Em todo caso, é preciso ter muito cuidado com estudos feitos até agora que alegam ser comprovado a influência de determinados fatores sobre o comportamento de uma pessoa. Devemos conceder a Brian Boutwell e outros cientistas o mérito de não terem permitido que fossem iludidos por deduções lógicas simples. Não há dúvida: muitas crianças que apanham (que apanham, não crianças que sofrem abuso) têm muitos problemas mais tarde na vida, entre os quais figuram também distúrbios comportamentais ou psíquicos. Aumenta também a probabilidade de se tornarem criminosos, como comprovou Boutwell com seus colegas.

Isso nada mais é do que lógico, dirão muitas pessoas. E também Boutwell e seus colegas poderiam ter escolhido a via fácil e encerrado a sua pesquisa nesse ponto. Violência gera violência. Pressuposição confirmada. Ponto final. Mas eles se perguntaram: qual é a causa real desse comportamento criminoso mais tarde? Pois as crianças receberam de seus pais não só as surras, mas também sua constituição genética. Com complexas análises estatísticas, os pesquisadores constataram: aquilo que se apresentava como uma consequência lógica – vivência de violência como criança e comportamento criminoso como adulto – podia ser explicado em grande parte pelos mesmos efeitos genéticos. Pois quando deduziam a influência dos genes, não restava mais nenhuma correlação entre vivência de violência e comportamento, uma coisa não influenciava a outra. Isso significa: o comportamento criminoso não resulta das surras na infância – a própria agressividade e propensão ao uso de violência e a violência vivenciada simplesmente ocorreram independentemente uma da outra e são, provavelmente, uma consequência da mesma genética. De modo semelhante, outros cientistas também derrubaram a crença no poder da educação: Uma criança apresenta um comportamento social? Ela é empática e prestativa? Ela costuma ter muitos problemas com os colegas na escola? Tudo isso depende principalmente de sua constituição genética e menos da reação positiva ou negativa da mãe à criança ou de ela ser castigada sem motivo.

Em suma, sabemos muito pouco sobre a influência da educação sobre uma pessoa. Mas o que sabemos é isto: os pais não são (com a exceção dos genes que, inevitavelmente, eles repassam para os filhos) responsáveis por seu autismo, sua esquizofrenia ou seu transtorno do déficit de atenção. E muito provavelmente não têm praticamente nenhuma responsabilidade pela inteligência ou personalidade de seus filhos.

Quem cunha quem em que medida?

O contrário, porém, vale muito mais: as crianças cunham seus pais. Mesmo que os pais jovens costumem fundar sua família com a ilusão de que conseguirão moldar seus filhos de acordo com suas ideias, alguns anos de convivência costumam bastar para desiludi-los. Chega o momento em que eles constatam que ocorreram algumas deformações não só em seus filhos, mas também neles mesmos. Durante muito tempo, não só adultos ingênuos sem filhos, mas também pedagogos e psicólogos acreditavam que os pais podiam formar seus filhos como bem queriam, que poderiam criar seus filhos para serem pessoas que correspondem a seus ideais – contanto que fossem coerentes, amáveis e paternais. E quando isso não acontecia, a culpa era dos pais, da mesma forma como eram responsabilizados por toda e qualquer peculiaridade social ou psíquica de seu filho. Na verdade, os filhos têm uma influência considerável sobre como eles são criados. Não só os pais percebem isso quando o bebê de seis meses se recusa a ser alimentado e a filha de seis anos insiste em dormir na cama dos pais a despeito de tudo que estes possam dizer. Também os cientistas constatam isso cada vez mais. A pesquisa psicológica começou a se dedicar a esse fenômeno apenas há poucos anos e chegou à conclusão: não há dúvida de que os pais influenciam a forma como seu filho encara o mundo, eles exercem uma influência sobre sua autoconfiança e sobre o modo como ele lida com problemas, se ele os engole e guarda para si ou se ele fala sobre eles. Mas vale também o contrário: os filhos educam os pais. E não estamos falando da tese tão popular na atualidade de que "os pais de hoje não sabem nem mais educar seus filhos", tampouco estamos nos referindo ao pequeno tirano que aterroriza a família com seus escândalos em espaços públicos. Os filhos formam os seus pais simplesmente por meio de sua personalidade, e eles recorrem não só à tática de gritar, de se jogar no chão e de espernear, mas usam também métodos mais suaves.

"A educação não é uma via única", explica a pesquisadora comportamental israelense Reut Avinun. É possível, por exemplo, que um pai que costuma ser manso de repente se vê exercendo o papel de chefe de família severo, porque a filha que o desafia o tempo todo simplesmente não lhe permite outra opção. E uma mãe, após anos de conflitos constantes, finalmente entenderá e adaptará o seu comportamento ao fato de que seu filho dá tanto valor à criação de seu próprio mundo que ele suporta quaisquer castigos e críticas, por mais severas que sejam. Numa situação dessas, os conselhos inteligentes de outros pais não ajudam. "Eu jamais permitiria que meu filho..." é uma expressão que não leva em conta o outro lado, o lado da criança.

"No fim, raramente, algo acaba sendo como nós o imaginamos como pais", diz a psicóloga do desenvolvimento Stefanie Jaursch. "Filhos influenciam os sentimentos, as ações e as reações dos pais, e eles solapam seus planos. É importante que os pais compreendam que eles também precisam mudar."

Mas quem forma quem e em que medida? Mais uma vez, os cientistas encontraram a resposta nos gêmeos. Se os pais determinam o seu estilo de criação simplesmente de acordo com seus próprios princípios, esperaríamos que eles tratassem seus gêmeos idênticos de forma praticamente idêntica, pensava Reut Avinun – em todo caso de modo mais semelhante do que irmãos comuns. As diferenças na criação de gêmeos e outros irmãos poderia, então, mostrar em que medida a constituição genética da prole influencia o estilo de criação.

Os quase 15.000 casais de gêmeos cujos dados a psicóloga israelense analisou dão uma resposta clara: mais ou menos 25% do comportamento dos pais – isto é, se eles reagem com tranquilidade a um filho teimoso ou como eles tratavam o filho quando este estava triste ou com raiva – eram influenciados pela personalidade da criança. "Isso significa que as crianças têm uma participação considerável nessa história", afirma Avinun. "Nenhuma criança é igual à outra. Não existem regras que valem para todas as situações ou crianças."

Brian Boutwell formula sua mensagem da forma mais cautelosa possível: "Independentemente de seus sentimentos em relação a isso, é muito provável que sua mãe e seu pai (ou quem quer que tenha criado você) tenha contribuído quase nada para a sua personalidade que tenha permanecido até sua idade adulta". Ciente da resistência que isso provocará, ele acrescenta e ressalta imediatamente que ele ama seus pais: "Não é que eu esteja sendo motivado por uma latente amargura freudiana, cujas origens possam ser identificadas nos primeiros anos da minha vida e que, por isso, eu esteja lançando esse ataque frontal contra a importância da educação", ele assegura. No fundo, acredita Boutwell, essa descoberta é até um consolo para todos os pais e filhos. Mesmo que os pais não possam se orgulhar quando seus filhos se desenvolvem bem, mas também não precisam mais se sentir responsáveis pelas neuroses de seus filhos – ao contrário daquilo que os especialistas tinham lhes dito durante muitos anos. São responsáveis apenas por aquela parte que, invariavelmente, lhes deram com seus genes. E filhos crescidos não devem acreditar que a raiz de todos os seus problemas seja a casa paterna em que cresceram. Eles podem se reconciliar com sua infância.

A esta altura, os leitores críticos objetarão que a influência dos pais sobre os seus filhos é comprovada. Afinal de contas, os pais podem traumatizar gravemente os filhos quando os tratam de forma terrível. Isso é verdade. Existem numerosas provas científicas disso. E essas traumatizações são inscritas nos genes por meio dos processos epigenéticos que já mencionamos. Elas são inscritas tão profundamente que, por vezes, elas são transmitidas à geração seguinte. Quando isso acontece, os filhos dessas pessoas que foram traumatizadas quando crianças se estressam facilmente e são psiquicamente instáveis. Mas isso não significa que os pais moldam seus filhos também com um comportamento normal. O famoso psicólogo e cientista cognitivo da Harvard, Steven Pinker, explica isso com um exemplo convincente: uma pessoa que deixa cair o seu celular do sexto andar, certamente o destruirá. Celulares não suportam muita violência. Nesse caso, seu destino está predeterminado – independentemente de a pessoa de cujos dedos escorregadios o celular caiu do sexto andar nada tenha contribuído para desenvolver ou produzir esse celular. O mesmo se aplica à educação dos filhos, diz Pinker. Sim, existem tipos de comportamentos com os quais destruímos as almas dos nossos filhos. Quando o estilo de criação for ruim, os pais podem destruir muita coisa – por exemplo, o desenvolvimento físico e psíquico saudável, o desenvolvimento linguístico, suas capacidades cognitivas. Mas isso não é prova de que, pela maneira em que criam o seu filho, eles possam fazer dele uma outra criança ou de que eles possam criar ou moldar a natureza de seu filho.

A socialização de uma pessoa nova é, sem dúvida, importante, e marca o caminho que seguirá na vida, como tem ressaltado repetidas vezes a psicóloga Judith Harris, que, já muito tempo atrás, apontou para a importância imensa dos relacionamentos fora da família. "Os socializadores primários de seus filhos não são os pais", diz Brian Boutwell. "Esse mérito cabe aos amiguinhos dos filhos."

A combinação de todos os nossos relacionamentos

O psicólogo social Lowery chega até a afirmar que um ser humano só vivencia um si-mesmo pela soma de seus relacionamentos. O que nossos pais esperam de nós, se nossos professores acreditam em nós, se nos encontramos numa competição com nossos irmãos ou se nos irritamos com os tiques do nosso cônjuge: sem relacionamentos não existiria um si-mesmo. "Relacionamentos são a estrutura do eu. Sem eles não existe nenhum conceito de um eu", afirma ele. E nós não mudamos apenas quando criamos novos relacionamentos, mas também quando relacionamentos antigos se desfazem. Com cada morte, afirma Lowery, perdemos uma parte de nós mesmos, pois sempre morre algo dentro de nós quando perdemos o laço com outra pessoa. Muitas vezes, resistimos a ideia de mudar de cidade ou de aceitar um novo emprego porque temos medo das inovações que isso traria. Pesquisas mostram que esse medo é, em parte, o medo da mudança do nosso si-mesmo. Mas, na opinião de Lowery, uma pessoa que deseja crescer precisa aceitar que ela perderá parte de seu eu.

O ser humano é, portanto, a soma de seus relacionamentos. Mas não devemos acreditar que os relacionamentos especialmente íntimos compõem necessariamente a maior parte do nosso eu. "Você é a convergência de todos os relacionamentos que tem, dos relacionamentos íntimos, dos relacionamentos ocasionais e de todos os relacionamentos situados entre esses dois polos", explica Lowery. Um encontro rápido pode ser o suficiente para questionar nossos relacionamentos de muitos anos e para mudá-los para sempre – por exemplo, quando um conhecido nos revela na rua que uma amiga está contando mentiras sobre nós ou que o nosso parceiro está tendo um caso com outra pessoa.

Lowery, que estudou intensamente identidades étnicas, conta este exemplo: Quando um homem está dirigindo seu carro e é parado por policiais que o tratam de forma desrespeitosa, isso pode mudar tudo: o modo como ele pensa a respeito de si mesmo; o modo como seu filho o vê; o modo como seu filho vê a si mesmo; o modo como o filho vê a polícia. A mudança na autoimagem do pai afeta, por sua vez, as interações com o filho. Do ponto de vista social, um evento desse tipo pode provocar ecos múltiplos. E, no fim, o modo como o filho percebe o *status* social dos pais pode até chegar a influenciar o modo como seu cérebro reage a ameaças.

Quem ou o que sou eu? Como eu me defino? Uma criança não escolhe nem mesmo as maiores categorias às quais ela se atribui. Até as categorias mais importantes lhe são impostas pela sociedade. O eu de uma pessoa é criado pelas suposições de estranhos que lhe atribuem um gênero ou uma etnia. Quando dizemos a uma garota que ela é uma menina, por um lado, isso é uma tentativa de descrever um fato biológico. A criança possui uma vagina e não tem pênis, portanto, é evidente que ela possui dois cromossomos do tipo X em suas células. Conclusão: ela é feminina. Por outro lado, porém, quando dizemos a uma garota que ela é uma menina, isso é ao mesmo tempo uma criação social. A atribuição "Você é uma menina" vem acompanhada de direitos e obrigações, de expectativas e responsabilidades que as pessoas costumam atribuir a esse gênero. Ela deve ser amigável e bem-educada. Deve ser atraente. Deve se preocupar e cuidar de outras pessoas e deve estar disposta a pagar um preço por isso. Deve gostar de bonecas e cuidar de animais com responsabilidade. Não deve ser tão rápida quanto a maioria dos garotos. E, quando crescer, deve cuidar de seus pais idosos.

Quando um grupo atribui uma identidade social a uma pessoa, ela a muda – simplesmente pelo fato de como a sociedade a trata. Uma pessoa pode ver a si mesma como homem ou mulher, como negra ou branca. Mas isso não significa que a sociedade também o aceite como tal. "No fundo, tudo que podemos fazer é pedir essa identidade", explica Brian Lowery, "mas é o grupo que decide se ele a concede ou não". Isso se revelou nitidamente na discussão sobre atletas intersexuais como a atleta meio-fundista sul-africana, Caster Semenya, que diz sobre si mesma: "Quando faço xixi, faço xixi como uma mulher. Sei que sou uma mulher". Mesmo assim, segundo uma decisão do Tribunal Arbitral do Esporte, de maio de 2019, Semenya não pode mais participar irrestritamente de competições internacionais. Ela é obrigada a tomar remédios que diminuem seu nível de testosterona, cujo nível é incomum para uma mulher. No esporte internacional, Semenya só é vista – ao contrário de sua identidade percebida e vivida – como mulher se seus níveis de hormônios corresponderem a determinadas regras. Ela luta contra isso e insiste em sua identidade percebida e vivida. Mas o tribunal de esporte não se importa com essa questão. E outras atletas a desprezam e a excluem por causa disso.

O gênero não é o único campo em que isso acontece. Um caso tão revoltante quanto o de Caster Semenya é a história de Rachel Dolezal. A norte-americana nasceu como filha de um casal branco nos Estados Unidos. Mas ela decidiu, desde cedo, que viveria como mulher negra. Ela se casou com um negro. Ela estudou na Universidade de Howard, uma universidade historicamente afro--americana no Estado de Washington e se envolveu como voluntária no movimento negro de direitos civis, a National Association for the Advancement of Colored People (NAACP). Aos 37 anos, ela era presidente de um distrito da NAACP, no estado de Washington. Mas, então, seus pais se manifestaram e afirmaram: sua filha de pele evidentemente bronzeada e cabelos pretos cacheados não era negra. Ela era branca. Apesar de terem também quatro filhos adotivos negros, Rachel era sua filha biológica. Fotos da juventude de Dolezal, que eles apresentaram à imprensa, mostravam uma menina loura de olhos azuis, pele clara e sardas. A imprensa local ficou escandalizada. Dolezal se defendeu: desde seus cinco anos de idade, ela tinha se visto como uma pessoa negra, contou. Ela sempre tinha desenhado a si mesma com um lápis de cor marrom. Para ela, sua postura como negra sempre tinha sido "muito autêntica" e sempre tinha se percebido e sentido como parte da comunidade negra. "Isso não era teatro". Em 2015, seu caso gerou um debate nacional sobre identidade étnica. Mas tudo foi em vão. Dolezal foi demitida pelo NAACP. Ela perdeu seu emprego como colunista de um jornal e também o seu trabalho na Eastern Washington University, onde era professora de ciências africanas.

Diferentemente de Caster Semenya e Rachel Dolezal, a maioria das pessoas aceita os rótulos que a sociedade lhe impõe. Ou elas já se identificam com esses rótulos ou nem têm a força de lutar contra eles. Em todo caso, inserir-se no papel previsto pela sociedade traz vantagens incalculáveis. Pois isso gera clareza e segurança. Resumindo, poderíamos dizer: quando sabemos quem somos, sabemos o que devemos fazer. É por isso que costumamos cumprir expectativas, pois a identidade social nos dá um mapa, um sentido, certa previsibilidade na vida. Por outro lado, porém, ela também nos limita e nos muda. E, às vezes, ela ameaça nos sufocar.

Por vezes, as atribuições até solidificam o nosso ser em vez de mudá-lo. Isso não vale somente para as grandes questões de gênero e identidade étnica, mas também para as pequenas questões de caráter. Quando pais, parentes e conhecidos insistem na timidez ou na agressividade de uma criança ("Você sempre foi assim..."), isso se transforma numa profecia autorrealizável. Essa criança dificilmente poderá se desenvolver de outra forma. E muitas vezes, quando cresce, ela continua a construir seu mundo, escolhendo sua profissão e seu círculo de amigos, de modo que seu caráter seja preservado. Nossa decisão de seguir a corrente ou resistir muitas vezes não é nossa. E muitas vezes depende da situação – depende, por exemplo, da nossa simpatia pela pessoa que vem com esperanças e rótulos para nós. Quando trabalhamos com uma pessoa que consideramos simpática, rapidamente adaptamos nossas convicções às dessa pessoa – mesmo quando não queremos fazer isso e, muitas vezes, sem que o percebamos. "Pessoas que têm simpatia umas pelas outras se aproximam", explica Brian Lowery. Ele demonstrou isso em experimentos que tratavam de racismo subliminar. Ele tinha convidado 91 estudantes jovens e brancos, da Universidade da Virgínia, para os experimentos. Eles deveriam fazer um teste que, de maneira inteligente, testava preconceitos racistas. Para identificar essas opiniões inconscientes, os psicólogos usam, há quase vinte anos, "testes de associação implícita" no computador. A ideia por trás disso é: quando achamos que dois conceitos combinam um com o outro (por exemplo, "flor" e "bonita"), nós reagimos imediatamente; mas quando consideramos que dois conceitos ou duas coisas não combinam (por exemplo, "arma" e "linda"), isso nos confunde tanto que não conseguimos mais executar uma ação simples com a mesma rapidez. Por causa dessa dissonância cognitiva, apertamos a tecla respectiva no computador com uma rapidez menor. A diferença temporal é mínima, mas a tecnologia moderna permite medir diferenças de milésimos de segundos. E essas diferenças mostram a nossa cara verdadeira.

No experimento de Lowery, os estudantes foram instruídos por uma cientista de pele clara. Ao instruir um grupo dos alunos, ela usava uma camiseta branca, ao instruir o outro grupo, ela vestia uma camiseta com declarações claras contra o racismo. Na metade dos casos, a jovem cientista se apresentou como muito amigável. Ela cumprimentou os participantes de forma calorosa, agradeceu por sua participação e lhes ofereceu um doce. Com a outra metade dos participantes, a instrutora se mostrou rabugenta e impaciente e afastou um prato com doces de um participante, justificando isso com a observação de que os outros instrutores ofereciam doces aos participantes, mas que ela considerava isso desnecessário.

No teste, os participantes revelaram menos preconceitos racistas quando eram instruídos pela mulher com a mensagem contra o racismo em sua camiseta – mas apenas se ela lhes era simpática. Mas, quando uma instrutora com a camiseta antirracista se comportava de maneira desagradável, o racismo subliminar dos participantes aumentava.

Influências externas positivas e negativas

O que se evidencia cada vez mais: é a vida que nos torna aquilo que somos. E isso significa também: a vida que escolhemos exerce uma influência decisiva sobre como nos desenvolvemos. Durante muito tempo, a ciência acreditava que o ser humano criava, com a sua personalidade, um ambiente que ele determina. Mas o contrário também é o caso: o ambiente cunha o ser humano em medida muito maior do que se acreditava até agora.

Nós mudamos constantemente, brigamos com as influências externas ou as acolhemos na criação de nosso si-mesmo atual. Evidentemente, porém, nem todos os eventos nos cunham na mesma medida. Alguns levam a mudanças surpreendentes, como aquela que parece ter acontecido com Greta quando ela percebeu que era capaz de influenciar outros. Outros eventos têm efeitos mais modestos. E, às vezes, coisas que acreditamos ter nos abalado até o âmago e que ameaçaram virar o nosso mundo de ponta-cabeça não têm nenhum efeito visível, enquanto coisas pequenas causam uma reviravolta imensa.

Por mais surpreendente que possa soar: mesmo que o nascimento de um filho seja um evento que nos deixa sem fôlego, que mudará completamente a vida dos pais nos próximos anos e torne inevitável um aprendizado em muitos níveis: uma profissão nova leva a personalidade a um amadurecimento muito maior do que um bebê. Quem descobriu isso foi a psicóloga da personalidade, Jule Specht, com seus colegas, quando analisaram os dados do SOEP obtidos de 14.000 pessoas. Ela queria saber especificamente o quanto os grandes eventos da vida mudam uma pessoa. Isso revelou conexões tão surpreendentes como a influência maior da profissão do que do bebê sobre o nosso si-mesmo. Possivelmente, isso tem a ver com o fato de que, na profissão, somos confrontados com exigências claras do nosso perfil profissional. O trabalho exige, por exemplo, que sejamos pontuais, organizados e confiáveis. Muitas pessoas satisfazem essas expectativas e também as internalizam: elas se tornam mais responsáveis e mais estáveis emocionalmente quando assumem seu primeiro emprego ou são promovidas. "Com a entrada no mercado de trabalho, a sociedade espera que sejamos confiáveis, compareçamos todos os dias e façamos as coisas que prometemos. Isso nos torna automaticamente mais confiáveis", diz a psicóloga do desenvolvimento, Ursula Staudinger. O que aprendemos na profissão aplicamos também ao ambiente particular, porque percebemos que vale a pena ser responsável, explica Jule Specht. Deixamos a escrivaninha mais arrumada também em casa e passamos a ser mais pontuais também nos compromissos com os amigos do que antigamente. Somente quando nos aposentamos, nós perdemos parte da conscienciosidade que adquirimos no escritório ou na fábrica. As exigências que fazemos a nós mesmos diminuem, entra em jogo novamente o efeito da *dolce vita*. Ao contrário do mundo profissional, os papéis predefinidos na vida particular são menos claros. Apesar de existirem muitas pressões e papéis com os quais os pais são confrontados, a missão dada aos pais e às mães de como devem preencher seu novo papel na vida não é tão específica. Aparentemente, não existem noções absolutamente claras de como devemos adaptar a nossa personalidade ao nosso papel de pai ou mãe. Isso dá muitas liberdades aos pais jovens de continuarem com o seu si-mesmo que tiveram até então. Espera-se que os pais cuidem de forma responsável de seu filho, mas ainda assim existe espaço de manobra; se um dos pais ficar cuidando do filho, o outro cônjuge pode passar a noite com os amigos ou amigas. Portanto, a sociedade não tem expectativas tão definidas, e o ser humano sensível à ressonância não entra em sintonia tão forte com suas vibrações.

No entanto, a socialização profissional nem sempre dá certo, como mostra o exemplo de Donald Trump. Muitas pessoas tinham nutrido a esperança de que o rei do Twitter, esse homem imprevisível e raivoso, uma vez que ocupasse o mais nobre cargo dos Estados Unidos, se tornaria um presidente mais ou menos sensato. Esperavam que ele se adaptaria às exigências da posição, que consultaria os conselheiros e refletiria antes de agir. Mas não foi o que aconteceu. A personalidade de Donald Trump é mais forte do que o cargo.

Será que Melania e Ivana tiveram uma influência maior sobre seu marido insensível do que a mudança para a Casa Branca? Isso até é possível, pois o início de um relacionamento estável é o que mais muda um ser humano – e na maioria das vezes, de forma favorável. Pelo menos quando os cônjuges apoiam um ao outro; não quando são violentos um com o outro ou tentam destruir o outro psiquicamente. "Em geral, podemos dizer que o caráter se muda positivamente quando entramos num relacionamento estável", diz Jaap Denissen, professor de Psicologia Social e Comportamental. E é totalmente irrelevante se alguém entra num relacionamento estável aos 25 ou aos 50 anos de idade – a parceria sempre leva a um amadurecimento da personalidade, como demonstrou o psicólogo Franz Neyer. Segundo seus estudos, é principalmente o primeiro relacionamento estável que leva a um amadurecimento da nossa personalidade, pois nós nos tornamos mais conscienciosos e mais estáveis emocionalmente. "Muitas vezes, esse impulso perdura por muito tempo, mesmo quando os parceiros se separam mais tarde", explica Neyer.

Ao mesmo tempo, porém, as pessoas também se tornam menos sociáveis e menos abertas para experiências novas durante um casamento. E isso é lógico, pois elas têm uma à outra. Mas assim que se separam de seu cônjuge, elas imediatamente se abrem novamente para novas pessoas e experiências, e também se tornam mais sociáveis. Isso vale principalmente para os homens. Mulheres e homens passam por desenvolvimentos diferentes também quando o cônjuge morre. Como já mencionamos, as mulheres se tornam menos minuciosas, os homens, por sua vez, se tornam mais conscienciosos. Provavelmente, o efeito é maior em relacionamentos tradicionais: "Enquanto as mulheres agora precisam se esforçar menos, os homens de repente se veem obrigados a assumir mais tarefas domésticas, que exigem disciplina", explica Jule Specht.

Devemos, portanto, entender: a vida nos transforma, nossas decisões de vida têm consequências para o nosso caráter. Por exemplo, a pergunta se devemos ir à faculdade ou ingressar imediatamente no mercado de trabalho: enquanto os jovens adquirem conscienciosidade no mercado de trabalho, os alunos de faculdade adquirem maturidade emocional, como descobriu uma equipe de pesquisadores liderada pelo psicólogo Oliver Lüdtke, da Universidade Humboldt em Berlim, que já entrevistou mais ou menos 2.100 jovens sobre sua personalidade, quando ainda frequentavam a escola. Nos seis anos seguintes, a equipe de pesquisadores entrevistou 508 desses jovens repetidas vezes. No último teste, 284 já tinham completado uma formação profissional, 224 tinham prestado vestibular. "Dependendo do caminho que escolhemos para a nossa vida, encaramos desafios totalmente diferentes, aos quais nos adaptamos naturalmente – e isso deixa traços na personalidade", explica Lüdtke. Mas é um processo que funciona em ambos os sentidos: a nossa personalidade também influencia a formação que cogitamos escolher. Na pesquisa de Lüdtke, já na escola, as pessoas que optaram pela faculdade eram emocionalmente mais estáveis e mais abertas para experiências do que as pessoas que decidiram ir a uma escola profissionalizante.

Quanto maior for a mudança no ambiente, maior é também o desenvolvimento da personalidade. Não surpreende, portanto, que alunos de faculdade, após passarem um ano no exterior, costumam apresentar propriedades de caráter totalmente novas. O psicólogo Alexander Freund, da Universidade de Lüneburg, analisou o quanto eles mudam. Ao longo de um semestre inteiro, ele observou 221 alunos. 93 deles passaram um semestre no exterior. Foram principalmente aqueles que, segundo um teste de personalidade, eram mais amáveis e mais abertos para experiências novas do que seus colegas. E a estadia no exterior fortaleceu ainda mais essas características neles: voltaram mais amáveis e mais extrovertidos e menos medrosos. Além disso, sua autoeficácia também tinha aumentado – ou seja, a convicção de conseguir lidar com uma situação difícil. Essa característica é importante não só para a autoconfiança e a satisfação. Ela é necessária também para superar desafios e crises, ela contribui em medida considerável para a resiliência, para a resistência psíquica. A autoeficácia dependia claramente dos novos contatos sociais. Pois ela aumentava na mesma medida em que os alunos conheciam pessoas novas por semana no exterior.

Uma equipe liderada por Adam Galinsky, na Columbia University, em Nova York, chegou a conclusões semelhantes. Os pesquisadores constataram que os cosmopolitas eram intelectualmente mais flexíveis – não só no sentido positivo. Eles eram mais capazes de solucionar problemas criativamente quando lembravam anteriormente das suas experiências no exterior. Mas eles também eram mais propensos a trapacear, pelo menos num jogo online, no qual deviam solucionar enigmas de palavras para ganhar um iPad. Antes da estadia no exterior, 30% se descreviam como melhores do que realmente eram; depois de alguns meses, esse número subiu repentinamente para 46% – e não importava se tinham passado esse tempo no Japão, na Índia, na Argentina ou na Nova Zelândia.

Em termos positivos poderíamos dizer: eles se adaptavam de forma mais flexível às exigências do seu ambiente. E o gatilho era, sobretudo, os novos relacionamentos que eles haviam construído no exterior. Lá, eles se reuniam com pessoas que dificilmente teriam conhecido em casa. E não importava se as pessoas que conheciam durante sua estadia no exterior eram pessoas daquele país ou pessoas de sua própria pátria. O importante era que eles conheciam pessoas novas. O que também é interessante é que a propensão para uma conduta amoral aumenta com a amplitude das experiências no exterior. Quanto maior o número de países visitados pelos jovens, mais eles tendiam a trapacear para sua própria vantagem – independentemente de onde eles vinham originalmente. É claro que depende também das expectativas da própria pessoa se ela tira algum proveito da estadia no exterior. Os norte-americanos, por exemplo, relatam com frequência posteriormente que não gostaram do exterior. Os alemães, por sua vez, que aparentemente já esperavam encarar ressentimentos por causa de sua origem, costumam fazer experiências positivas no exterior e se tornam mais sociáveis, equilibrados e intelectualmente flexíveis.

Mas podemos tranquilizar todos os alunos de intercâmbio, decepcionados, e também aqueles que continuam sofrendo em seu dia a dia: até mudanças que nós vivenciamos como negativas não têm necessariamente um efeito negativo duradouro sobre o nosso si-mesmo. O exemplo dos viúvos e divorciados mostra isso. Evidentemente, é uma cesura grave quando perdemos o cônjuge, e é uma tarefa importante processar esse luto. Para a personalidade, porém, essa censura pode também acabar produzindo algo positivo. Cada mudança na vida exige que sejamos flexíveis e, muitas vezes, isso significa um desenvolvimento positivo.

Existe um único tipo de golpe do destino para o qual isso nunca parece se aplicar, que é o desemprego. Perder o seu emprego involuntariamente sempre tem um efeito negativo, não há nada de bom a ser encontrado nisso – a não ser que alguém constate anos depois que agora ele encontrou um emprego muito melhor e que ele está se sentindo muito melhor do que em seu emprego antigo. Em anos recentes, os pesquisadores têm apontado repetidas vezes para o fato de que a perda do emprego representa um peso psíquico extremo. Alguém que foi demitido costuma ficar com cicatrizes duradouras na alma. E a mágoa é tão profunda que isso afeta também a personalidade, como descobriu o economista e psicólogo Christopher Boyce. Ele até acredita que nenhum outro evento afeta a personalidade de uma pessoa de forma tão negativa quanto a perda do emprego. Boyce e seus colegas analisaram dados de mais de 6.700 alemães adultos do SOEP, que tinham feito um teste de personalidade duas vezes entre 2006 e 2009. 210 desses entrevistados tinham passado um a quatro anos sem emprego nesse período, outros 251 ficaram desempregados por pouco tempo e logo voltaram a encontrar um trabalho. Boyce já tinha contado com o pior, mas os dados o assustaram: com o passar do tempo, não só a consciensiosidade dos desempregados diminuiu, mas também sua abertura e amabilidade. Aparentemente, as feridas eram tão profundas que eles tinham dificuldades de se abrir para um novo emprego e outras pessoas. Eles se tornaram rabugentos e hostis, e sua confiabilidade e precisão também desapareceram. Infelizmente, essas não são precondições boas para encontrar um novo trabalho após um longo período de desemprego. Portanto, as consequências do desemprego podem ser ainda mais graves para a psique do que acreditamos até agora, diz Boyce. E justamente essas mudanças na personalidade podem fazer com que muitas pessoas tenham dificuldades de encontrar um novo emprego – caindo assim num abismo cada vez mais profundo.

A soma das nossas experiências

Nem sempre, porém, as mudanças da personalidade estão relacionadas aos novos papéis sociais que as pessoas assumem. Nós nos desenvolvemos e alcançamos certa maturidade também, independentemente disso. Afinal de contas, aprendemos muitas coisas à medida que envelhecemos – simplesmente por meio de experiências. A maioria das pessoas adquire, por exemplo, certa tranquilidade ao longo dos anos, que a psicologia chama mais precisamente de "autorregulação". "Nós podemos aprender esse controle sobre o nosso comportamento ao longo da vida; decisivas são aqui as nossas experiências", explica Jaap Denissen. Tornar-se uma personalidade madura significa também adquirir um autocontrole melhor; não surtar sempre que as coisas não acontecem como esperávamos. Na verdade, a maioria das pessoas aprende isso automaticamente.

Uma pessoa que fez a experiência de que suas reações exageradas só provocam reações negativas nos outros e que um pouco de comedimento pode ser útil se vê motivada a controlar o seu comportamento. O que também contribui para a tranquilidade na idade avançada é a constatação de que as situações que parecem nos atacar com grande força negativa acabam sendo menos ruins do que imaginadas e até podem levar a um desenvolvimento positivo. Preocupar-se e ficar angustiado? Você pode fazer isso quando as coisas realmente acabarem num desastre.

Assim, a maioria das pessoas aprende ao longo da vida a conter suas agressões quando se irritam com alguém que está furando a fila. Ou já não se importa mais tanto quando um colega obtém uma vantagem à custa dos outros. A autorregulação funciona em vários níveis, afirma Jaap Denissen. Aprendemos a controlar melhor as nossas emoções, mas sabemos também que é inteligente evitar determinadas situações desde o princípio. E sabemos, também, como podemos mudar uma situação desagradável para melhor. Quando uma pessoa fura a fila, podemos aliviar a tensão com uma piada ou podemos nos dirigir diretamente àquela pessoa. Assim a situação muda sem que precisemos nos irritar excessivamente. Para aprender essas coisas não precisamos de um papel social. Experiência de vida basta.

No entanto, precisamos admitir: os sortudos têm menos dificuldades com a mudança. Uma pessoa que nasceu em berço de ouro costuma ser mais aberto para novas experiências. Consequentemente, ele as faz, e elas o mudam. "Vemos as melhores precondições para força, crescimento, autoconfiança, satisfação, vontade de mudar ou mudanças naquelas pessoas que tiveram uma vida mais fácil", diz Jule Specht. Elas tiveram chances e oportunidades, coisas positivas aconteceram com elas. Assim, sua curiosidade em relação à vida foi recompensada e, por isso, elas continuarão a se expor a situações novas e desconhecidas. Evidentemente, as experiências negativas também mudam a personalidade. Por isso as pessoas que já tiveram muitas experiências negativas têm dificuldades maiores de abandonar comportamentos negativos e se abrir para o novo. E não são somente as chances e adversidades grandes que mudam a nossa personalidade. Também eventos pequenos, normalmente considerados insignificativos, formam o nosso ser. Atualmente, os psicólogos estão discutindo intensamente a importância de microtraumas ou de microestressores que acompanham as pessoas constantemente e durante um período mais longo de sua vida. Segundo esses estudos mais recentes, os grandes traumas, ferimentos graves e momento devastadores deixam seus rastros na alma, mas também crítica permanente, um excesso de situações estressantes e ferimentos leves, porém constantes, podem ter um efeito sobre a personalidade. Uma das consequências é, por exemplo, que a pessoa se retrai cada vez mais, fechando-se para novas influências, ou que ela se torna distraída, medrosa e rude, mesmo que, no passado, ela tenha sido uma pessoa sociável, atenciosa e positiva. "Os pequenos eventos estressantes também levam a uma sobrecarga psíquica", afirma Klaus Lieb, do *Deutsches Resilienz Zentrum* [Centro alemão de resiliência], na Universidade de Mainz. O psiquiatra estuda os efeitos de longo prazo das irritações e do estresse diários no contexto do campo de pesquisa especial "neurobiologia da resiliência" em 1.200 pessoas. Seja nossa disponibilidade constante juntamente com os e-mails, mensagens e fotos do Instagram que recebemos a cada minuto, que nos arrancam do presente e nos impedem de desligar a mente de vez em quando e minam a nossa capacidade de concentração, sejam as exigências feitas à nossa mobilidade que nos privam das nossas fases de descanso em nossas próprias quatro paredes; sejam as irritações do dia a dia que desgastam os nossos nervos como, por exemplo, o cônjuge que não para de reclamar, o trânsito matinal, a crítica recorrente no local de trabalho ou os filhos revoltados na puberdade que nos acham bobos e embaraçosos: "Esses desafios e irritações diários, os *daily hassles*, se acumulam e podem então alcançar um nível de influência considerável", explica Lieb. Qual é a extensão dessa influência? E o que precisa acontecer – em dependência da nossa medida pessoal de resiliência – para que as humilhações constantes comecem a afetar a nossa saúde psíquica e a nossa personalidade? Isso ainda não foi verificado cientificamente. O estudo de Lieb pretende fornecer respostas a essas perguntas.

Qual é a melhor forma de lidar com esses microestressores? Klaus Lieb aconselha seus pacientes primeiramente a adquirir uma camada de gordura de resiliência. Devemos aproveitar os períodos menos estressantes e menos irritantes para nos preparar para as fases mais difíceis da vida. "Da mesma forma como deveríamos cuidar do nosso coração e fazer algo contra a demência praticando esportes, treinando o nosso cérebro e alimentando-nos bem", diz o psiquiatra, "devem também cuidar da nossa resistência nos tempos bons –

e não só quando já nos encontramos numa situação difícil". A primeira e mais importante medida de todas é construir um círculo de amigos. Em segundo lugar, deveríamos nos conscientizar e valorizar sinceramente as coisas boas e dos eventos positivos do dia – que, a despeito de todas as irritações e de todo o estresse também acontecem e que, em oposição aos microestressores assustadores – poderíamos chamar de microfontes de força. Por fim, devemos nos exercitar em lidar com críticas de um modo que poupe as nossas forças: Qual é realmente o problema, poderíamos nos perguntar, quando um colega nos ataca constantemente? Onde ele pode estar certo, onde não? E tudo isso tem a ver comigo? "Não devemos simplesmente baixar a cabeça e aceitar tudo, devemos questionar e submeter a avaliação do outro e também a nossa própria avaliação a uma análise crítica", sugere Lieb. Afinal de contas, uma mágoa se torna mais profunda quando nós levamos a sério aquele que está nos magoando e aquilo que ele está dizendo. Por isso é importante investigar a motivação dos ataques do outro, tentar descobrir o teor de veracidade em suas acusações – e também se defender contra elas quando necessário.

Oferecer resistência é algo muito importante. Ela protege a alma e a autoestima. Isso vale principalmente em situações em que percebemos que os *daily hassles* já deixaram de ser uma mera irritação, quando começam a ter um efeito duradouro sobre o nosso comportamento e os nossos pensamentos. Pois quando isso acontece, a personalidade está em perigo. Nesse caso, devemos direcionar os nossos pensamentos para outra coisa e fazer o esforço de testar novas situações e outros padrões de comportamentos para combater o reflexo interior e o medo de decepções. Quando criamos experiências positivas, os ferimentos antigos podem ser apagados e substituídos por algo diferente. Com o tempo, recuperamos nossa curiosidade pela vida.

E quanto à constituição genética original – ela não volta a se manifestar em algum momento? Uma coisa que as pessoas não gostam muito é ter de constatar que, com o avanço da idade, elas se tornam cada vez mais semelhantes aos seus próprios pais. A avó não tinha sempre um lenço de papel na bolsa – e agora nós nos pegamos fazendo o mesmo! E não ouvimos na nossa risada um eco da risada do nosso pai? E não usamos na criação dos filhos as mesmas frases que nossos pais usaram conosco? "Socorro, estou ficando igual à minha mãe!", muitos pensam consigo mesmos.

Será que isso é realmente verdade? Os filhos realmente se tornam cada vez mais parecidos com seus pais com o passar dos anos, apesar de, uma vez que tenham passado da fase edipiana, não acharem nada pior do que isso? Fato é que há um pingo de verdade nisso, afirma Frank Spinath, professor de Psicologia Diferencial e Diagnóstico Psicológico, na Universidade do Sarre. E isso chama atenção, principalmente porque, no início, o desenvolvimento de pais e filhos segue em direções diferentes. Já que, na puberdade, os adolescentes não querem copiar absolutamente nada dos pais, outros relacionamentos são muito mais importantes em sua vida: eles copiam amigos e astros, evitam tudo que cheire à casa paterna. É por isso que, nessa fase, as influências ambientais se evidenciam com uma força muito maior do que a influência dos pais e a influência dos genes que eles compartilham com seus pais.

À medida, porém, que a idade avança – o mais tardar quando a pessoa conseguiu se inserir no mercado de trabalho – diminui o desejo de se destacar da família. Os jovens tendem a resistir menos a semelhanças. Além disso, os genes começam a se manifestar mais claramente. Mesmo que os genes estejam (naturalmente) presentes desde o início: seu efeito se desdobra cada vez mais ao longo da vida. Afinal de contas, as pessoas não escolhem aleatoriamente sua vida e seu ambiente com suas influências às quais elas se expõem. A profissão que alguém escolhe, os amigos com os quais ele se cerca, se ele prefere viagens longas a viagens curtas – tudo isso depende de sua constituição genética. Normalmente, reforçamos dessa forma características que já possuímos – igual aos estudantes que já eram extrovertidos antes de sua estadia no exterior e depois se tornaram ainda mais extrovertidos. As pessoas escolhem seu nicho, e este as influencia e faz com que seus genes se manifestem ainda mais. Mesmo que, ao mesmo tempo, novas influências ambientais continuem a cunhar a personalidade, a verdade permanece: na idade realmente nos tornamos mais parecidos com nossos pais.

Nós e a vida. Ela nos cunha de um jeito hoje e de outro jeito amanhã. Às vezes, nós nos deixamos levar, às vezes, tentamos resistir. Mas não importa o que façamos: a vida nos muda.

Existem pessoas que ficam horrorizadas diante da possibilidade de que o eu, ao qual tinham se acostumado tanto, possa não existir nesse sentido sólido. Na verdade, porém, isso não é tão assustador assim. Uma vida sem um eu definido e sólido possui vantagens claras. Pois quando mudamos, isso significa ao mesmo tempo: contanto que estejamos dispostos a abrir mão de concepções que aprendemos a amar, nós podemos ser livres. Sem a predeterminação que, supostamente, existe dentro de nós, a nossa vida se torna muito mais fácil: com esse conhecimento podemos nos libertar de determinados papéis que os outros nos impuseram. Atribuições como "Ele é tão tímido" ou "É óbvio que não consigo pôr ordem nisso" não precisam mais nos definir. Podemos nos livrar de representações das quais não gostamos ou não nos servem (mais). Se o si-mesmo é flexível, podemos moldá-lo ativamente. Isso ajuda a escolher outro caminho em situações complicadas e a criar uma vida segundo os nossos desejos e ideais atuais. Um eu imutável não existe. Mas o que existe a despeito disso: uma vida que harmoniza conosco e muitos amigos, parceiros, conhecidos e empregos que nos fazem bem. Talvez ainda tenhamos que descobrir o que, ou quem são.

INFLUÊNCIAS SURPREENDENTES

O que sentimos muda nosso corpo. E quando a nossa alma sofre em excesso, ela também pode adoecer nosso corpo. Por mais natural que isso seja para nós hoje; por muito tempo, cirurgiões, ortopedistas e médicos de família negavam isso, até que esse conhecimento conseguiu conquistar seu lugar na medicina acadêmica, na forma da psicossomática. Hoje sabemos que, muitas vezes, infartos e enxaquecas, por exemplo, apresentam um componente psíquico e que, no caso de dores de costas, a alma costuma gritar ainda mais alto do que os discos vertebrais. Quase todos os médicos reconhecem hoje em dia que o paciente deve receber um tratamento holístico.

Mas está na hora de a medicina abrir um novo campo de atuação. Um campo que estuda e aproveita o oposto: a influência do corpo sobre a alma. Talvez poderíamos usar o antigo conceito da somatopsicologia para essa nova área de especialização. Pois percebemos cada vez mais como mudanças físicas agem sobre a alma. Portanto, podemos também usar o corpo para curar a alma. Graças a Deus, métodos arcaicos como camisas de força e terapias de choques elétricos, usadas por psiquiatras no passado para curar almas doentes, têm saído de moda. Abordagens mais humanas, porém, têm uma força surpreendente, por exemplo, atividades físicas. Já hoje, o efeito de movimentos sobre a lama é usado de forma natural na psicoterapia e na psiquiatria. Os pacientes são incentivados a fazer caminhadas no jardim da clínica. Jogos de bola com outros pacientes fazem parte do programa de terapia, assim como ginástica e treinamento autógeno. Inúmeros estudos mostraram que, em casos de depressão, atividades físicas têm um efeito igual ao de antidepressivos. A influência do corpo sobre a alma chega até ao ponto de processos orgânicos poderem alterar a personalidade de um ser humano. Quando a tiroide produz um excesso de hormônios, os pacientes se tornam irritáveis, tensos e nervosos. Quando o calor no verão é grande demais, nós ficamos agressivos e nos irritamos com outros motoristas. E quando células nervosas são destruídas no cérebro – por exemplo, por Alzheimer, um AVC, um acidente ou uma hemorragia cerebral – alguns pacientes se tornam irreconhecíveis. Parentes amáveis e sociáveis se transformam em contemporâneos ditatoriais, sexualizados ou agressivos.

Os efeitos de alterações orgânicas no cérebro sobre a psique e de hormônios afetam também o cérebro, podem não ser muito surpreendentes. Afinal de contas, a ciência moderna identifica há muito tempo o cérebro como sede da alma. Nossas emoções acontecem no cérebro, é o cérebro que determina como nós nos comportamos, como pensamos e como sentimos. Por isso, é apenas lógico que alterações no cérebro afetam a nossa personalidade. Mas existem também influências totalmente diferentes e inesperadas sobre a personalidade humana. Atualmente, os cientistas estão pesquisando intensamente como o sono altera o caráter das pessoas. E um novo campo de pesquisa surpreendente estuda o efeito de micróbios que vivem em nós: tudo indica que principalmente as bactérias em nosso intestino influenciam a nossa personalidade: já podemos observar uma ligação entre alguns habitantes do nosso intestino e o diagnóstico de depressões.

Tendo tudo isso em mente, podemos tirar uma primeira lição: a nossa personalidade não é somente volátil, ela é também frágil. Ela muda constantemente ao longo dos anos, mas ela também pode ser danificada por processos puramente orgânicos. Devemos cuidar do nosso corpo – não só para continuarmos saudáveis e capazes de funcionar, mas também para proteger a nossa alma. Acidentes súbitos e doenças trágicas não podem ser evitadas. Mas nós podemos fazer muito para evitar um AVC, podemos desenvolver um hábito saudável de sono e cuidar da vida no nosso intestino. Quando nos alimentamos de forma saudável, praticamos alguma atividade física e dormimos o bastante, protegemos nosso corpo e, ao mesmo tempo, a nossa alma.

QUANDO, DE REPENTE, VOCÊ SE TORNA OUTRA PESSOA

De repente, ele tinha se transformado num brutamontes. Pouco tempo atrás, o homem jovem ainda tinha sido amigável, comedido e confiável. Sua esperteza o havia levado à posição de melhor capataz de sua equipe. Mas agora, na conversa com os médicos que tinham vindo para o local do acidente, ele estava se comportando de forma insuportável. O Dr. John Harlow não entendia. O homem de 25 anos, antes tão sociável, estava sendo inconstante, desatento e desrespeitoso. Seu paciente apresentava fortes oscilações de humor, reagia com agressividade e não conseguia mais fazer planos para o futuro. Phineas Gage "não é mais Gage", constataram seus colegas.

O destino do funcionário de uma companhia ferroviária norte-americana é lendário. Um dos traumas mais famosos da história da medicina se encontra hoje em cada manual da neurologia. Pois como nenhum outro caso antes dele, ele mostra de forma inequívoca: uma lesão no cérebro pode transformar um ser humano em uma pessoa totalmente diferente.

Como descobrimos nos últimos capítulos, normalmente, o nosso eu vai fluindo pela vida. Como um rio em seu leito, ele vai mudando constantemente e, às vezes, ele também se agita profundamente, por exemplo, quando precisa vencer uma queda d'água ou desviar de obstáculos. Todos nós entendemos por que as grandes decisões da vida, como a escolha da profissão ou a decisão de se mudar para o exterior, agitam o nosso eu. Mas existem também eventos súbitos que possuem o poder de virar nossa vida de ponta-cabeça. Frequentemente ouvimos relatos de pessoas que, por causa de uma crise existencial ou um golpe do destino, se transformaram totalmente. E um dos primeiros casos desse tipo que os alunos da faculdade de Medicina estudam e discutem é o caso de Phineas Gage.

Gage desviou sua atenção apenas por um momento. Como já tinha feito tantas vezes durante seu trabalho, em 13 de setembro de 1848, durante a construção da via ferroviária em Vermont, ele inseriu pólvora numa rocha que precisava ser removida para abrir espaço para os novos trilhos. Então ele cobriu tudo com areia e usou uma vara de ferro para comprimir a pólvora. Num furo, porém, ele tinha esquecido de acrescentar a areia que deveria suavizar os golpes da vara de ferro e isolar a pólvora até a detonação controlada. Por isso, a pólvora explodiu quando Gage bateu nela com sua vara de ferro. A vara de ferro, que pesava seis quilos e apresentava um comprimento de um metro e um diâmetro de três centímetros, atravessou o crânio de Gage de baixo para cima. Já é surpreendente que o jovem sobreviveu a isso sem perder a consciência. "Doutor, muito trabalho aguarda o senhor aqui", ele cumprimentou o primeiro médico a cuidar dele. Mas o que surpreendeu seus contemporâneos ainda mais foi que, de um dia para o outro, o acidente transformou esse homem equilibrado de 25 anos de idade em uma pessoa infantil, impulsiva, vulgar e irresponsável, com a qual os outros não queriam se envolver – segundo os registros do Dr. Harlow, que socorreu Gage após o acidente, e constatou que ele tinha perdido uma quantidade de massa cerebral correspondente a "meia xícara de chá". Seu empregador não queria mais nem ver aquele homem descontrolado que, no passado, ele tinha elogiado como exemplo para os outros.

Apesar de as dúvidas referentes à extensão da mudança duradoura de personalidade de Gage surgirem sempre de novo desde o acidente com a vara de ferro, um fato permanece inquestionável: lesões ao cérebro, que ocorrem não só por meio de varas de ferro assassinas, mas também por meio de um AVC, podem alterar gravemente a personalidade de um ser humano – principalmente, quando o evento afeta aquelas regiões no cérebro que exercem um papel no processamento de sentimentos e na capacidade de sentir empatia. Desde que o caso de Phineas Gage entrou para a história da medicina, os neurologistas e neurocientistas reuniram muitos outros casos surpreendentes em que uma lesão sofrida pelo cérebro causou uma mudança profunda na personalidade de uma pessoa. Evidentemente, existem funções superiores decisivas para a personalidade que estão localizadas no cérebro.

Em vista dos ferimentos sofridos por Phineas Gage é absolutamente plausível que o homem amigável tenha se transformado num brutamontes descontrolado, pois de acordo com tudo que podemos deduzir da descrição de seu acidente, o córtex pré-frontal foi destruído. Essa região atrás da testa controla também como alguém exerce o seu autocontrole. Além dessa área cerebral, existem também outras que estão predeterminadas a causar uma alteração comportamental: o lobo frontal, por exemplo. Essas regiões dianteiras das duas metades do cérebro, onde se encontra também o córtex pré-frontal, são consideradas a sede da personalidade e do comportamento social. Ou os lobos temporais, que abrigam a memória e onde a amígdala se esconde, que sabemos ser o centro dos sentimentos. Existe ainda o hipocampo, que processa raiva, medo, alegria e lembranças.

Uma pessoa que sobrevive a ferimentos ou hemorragias nessas regiões pode se tornar mais irritável, ou estar suscetível a oscilações de humor repentinas, ou ter dificuldades de memória. Alguns pacientes também se transformam em sujeitos que reclamam e se queixam de tudo o tempo todo, não conseguem mais controlar os seus impulsos e podem ser violentos ou sexualmente abusivos. Assim, uma pessoa cujas regiões cerebrais importantes são gravemente danificadas podem realmente se transformar em um ser completamente diferente de um dia para o outro. À medida que sua demência avança, muitos pacientes de Alzheimer se tornam agressivos e atacam verbalmente as pessoas que cuidam deles. E também no AVC tais alterações na personalidade são tão frequentes e abrangentes que os médicos são instruídos a informar os pacientes e seus parentes sobre aquilo que pode estar vindo pela frente. Muitas vezes, as mudanças são tão profundas que chegam a afetar os *Big Five*. Em média, três dessas cinco grandes dimensões da personalidade sofrem mudanças em pacientes após um AVC, relataram pesquisadores da University of Maryland School of Medicine alguns anos atrás. Eles tinham entrevistado os parentes de 35 pacientes, logo após seu AVC, sobre a sua personalidade, repetindo a entrevista um ano mais tarde. O resultado: depois de sofrer um AVC, a pessoa tende a um neuroticismo maior, ou seja, ela se torna mais medrosa e vulnerável, tende mais à introversão, ou seja, empreende menos e busca menos o contato com outros e, além disso, perde às vezes em termos de autodisciplina, ou seja, sua conscienciosidade pode diminuir.

À primeira vista, essas mudanças parecem ser sobretudo negativas. E também o caso de Phineas Gage nos mostra um cenário um tanto sombrio das possíveis mudanças de caráter. Mas a mudança nem sempre precisa ser negativa. Um estudo da Universidade de Iowa nos dá esperança. A equipe de cientistas, liderada pela psicóloga e neurocientista Marcie King, entrevistou os parentes e amigos de 97 pacientes que tinham sofrido uma lesão grave em alguma região do cérebro – ou porque tinham sofrido um AVC ou porque tiveram que remover um tumor. Os cientistas pediram que os parentes preenchessem longos questionários quando os pacientes já tinham se recuperado do primeiro choque de sua doença e da terapia e já estavam a caminho da recuperação – ou seja, quando seu estado psíquico já deveria ter se estabilizado. 54 desses pacientes realmente tinham se tornado pessoas menos amigáveis. Mas depois da lesão sofrida no cérebro, 22 pacientes tinham adquirido um caráter melhor. Em 21 pacientes não foi constatada nenhuma mudança. "Depois de um evento neurológico, podem ocorrer não só mudanças negativas, mas também positivas", ressalta Marcie King, "e a essas alterações correspondem determinadas alterações anatômicas". Pois, tanto as mudanças de caráter agradáveis quanto as assustadoras costumam ser provocadas por lesões nas regiões atrás da testa, ou seja, na sede da personalidade e do comportamento social.

Por exemplo, na "paciente 3.534": essa mulher tinha um tumor no cérebro que foi retirado quando ela tinha 70 anos de idade. Durante a retirada do tumor, foi inevitável que também partes do cérebro fossem afetadas. Antes da cirurgia, a paciente sempre tinha sido muito séria, como informou seu marido, que a conhecia havia 58 anos. Ela dormia muito, era muito irritável e rabugenta. Quando lemos os resultados dos testes, podemos chegar à conclusão de que nada melhor do que a cirurgia no cérebro de sua esposa poderia ter acontecido a esse homem idoso. Depois da cirurgia, ela se tornou muito mais "alegre", ela ri muito mais, disse ele, "ela é mais extrovertida e mais falante do que jamais foi".

Preferências inimagináveis

Por vezes, vem à tona também sentimentos que os afetados nem imaginavam existir. Ou surgem preferências totalmente novas. Os cientistas explicam isso assim: o cérebro cria novas vias nervosas para circundar as regiões lesadas. Como no caso de Chris Birch: no passado, este jovem do País de Gales não havia sido um companheiro muito agradável, como ele mesmo admite hoje em dia. Era uma pessoa "com a qual eu, se eu a conhecesse hoje, jamais desenvolveria uma amizade", contou Birch a um jornalista. Sua vida mudou literalmente de um instante para o outro quando, numa noite de verão quente, do ano de 2005, ele decidiu fazer algumas cambalhotas na quadra. Na época, aquele rapaz de 19 anos de idade estava bem acima do peso e acabou causando um pequeno AVC. Mas Chris Birch não se deu conta disso. Depois das cambalhotas, ele estava muito tonto, e seu irmão e um amigo tiveram que levá-lo para casa. Ao chegar, ele deitou e dormiu – por quatro dias. Quando acordou, um estudante de Economia não tinha sensação num braço e numa mão, sua memória apresentava algumas lacunas e ele não conseguia falar direito. Os médicos não tiveram dúvida: durante a atividade atlética nada habitual para o rapaz, uma artéria tinha sido prensada. Assim, algum material depositado na parede da artéria se soltou, foi levado pelo sangue e entupiu um vaso sanguíneo no cérebro. Em decorrência disso, algumas células no cérebro de Birch morreram porque haviam deixado de receber oxigênio. Até aqui, nada de incomum para um AVC. Mas depois de passar quatro dias num sono profundo semelhante a um coma, quando ele se levantou, ele percebeu outra mudança profunda. No início, ele continuou saindo com seus colegas, como antigamente. Mas, de repente, os temas das conversas deles não o interessavam mais. Carros? Álcool? Que tédio... Ele começou a faltar aos encontros. No lugar disso, ele descobriu uma preferência totalmente nova: de repente, ele começou a se interessar por homens. Então, todo o seu caráter mudou. Uma fotografia, feita antes de seu AVC, na época da faculdade de Economia, mostra um homem jovem com um peso acima de 100 quilos e com um boné na cabeça. Hoje, a aparência de Birch é altamente elegante, ele raspa o pelo no peito, faz aplicações de botox. Economia e administração não o interessam nem um pouco. Hoje ele trabalha como cabeleireiro.

Gay depois de um AVC? Por causa dessa história, que Chris Birch contou repetidas vezes aos jornalistas ao longo dos últimos anos, ele teve que suportar muita zombaria. Mas a verdade é que esse tipo de mudança é possível. Pois a amígdala controla não só sentimentos como medo, mas também a preferência sexual. "Se, depois de um trauma cerebral, uma pessoa pode se tornar mais assustada ou irritável, por que seria impossível ela se tornar homossexual?", pergunta Qazi Rahman, que trabalha no King's College em Londres, no instituto de psiquiatria, e que teve muitas conversas com Chris Birch.

Mas será que esses tipos de mudanças podem realmente ser explicados em termos orgânicos? Ou é possível que sejam uma consequência dos efeitos que a doença teve sobre a vida dos afetados? Um AVC é uma ocorrência muito complexa, de acordo com Rahman, pessoas que sofreram um AVC costumam fazer uma reavaliação da vida. Afinal de contas, a alma também sofre um golpe, ela precisa processar a descoberta de que ela vive num corpo vulnerável, que esse AVC poderia ter encerrado a sua vida; e ela precisa aprender a lidar com as deficiências motoras, as falhas linguísticas e as lacunas na memória.

Assim, as pessoas que sofrem esse evento, que ameaçou a sua vida, acabam tendo acesso a preferências e necessidades que, até então, elas tinham negado. Já que outros aspectos da personalidade passam a ocupar o primeiro plano, outras coisas se tornam mais importantes; ou aparecem talentos que, até então, não tinham sido aproveitados. Essa poderia ser a explicação para o caso de Tommy McHugh, que, em 2001, após sofrer um AVC grave aos 51 anos de idade, descobriu repentinamente a sua criatividade e seu talento em pintura. A partir de então, McHugh, que havia trabalhado como pedreiro durante toda a sua vida profissional, passou a ser artista, apesar de nunca ter se interessado por arte e possuir uma natureza mais rude do que sensível. Os cientistas acompanharam o caso e publicaram um artigo numa revista especializada sobre a milagrosa transformação de Tommy McHugh. Antes de morrer de câncer, em 2012, ele disse que sua hemorragia cerebral lhe deu "onze anos de uma aventura maravilhosa, que ninguém poderia ter esperado".

Chris Birch e Tommy McHugh tinham o mesmo neurologista. Certa vez, os dois se encontraram na sala de espera de seu médico. "Eles o chamarão de mentiroso, você não poderá provar nada", McHugh alertou o jovem cabeleireiro, assim conta Birch. "Eles também não acreditaram em mim quando eu lhes disse que, antes da hemorragia cerebral, eu nunca tinha segurado um pincel. Você terá de acreditar em si mesmo."

Para as mudanças vivenciadas não importa se os novos aspectos de uma personalidade são produzidos por novas ligações neuronais ou se as lesões graves, o medo ou as novas esperanças ativam partes da personalidade que a pessoa já possuía. E essas mudanças podem ser enormes.

A reordenação da alma

O fato de a alma se reorganizar após um evento chocante também pode fornecer uma explicação para a pergunta: Por que pacientes cuja doença não afetou nem envolveu o cérebro também falam de uma personalidade transformada? Veja, por exemplo, o caso da inglesa Dottie O'Connor: ela afirma que, desde seu transplante de pulmões, ela sente uma grande proximidade com a natureza. No passado, era apaixonada pela cidade grande e jamais teria conseguido imaginar uma vida no campo. Agora, ela ama caminhar pelas florestas. Ou sua conterrânea Cheryl Johnson, que recebeu o rim de um doador: ela diz que, agora, os livros que lê são totalmente diferentes. No passado, costumava ler romances de banca, mas desde seu transplante, ela se interessa por Dostoiévski. Existem muitos relatos desse tipo de pessoas que fizeram um transplante. Algumas dessas pessoas acreditam que elas mudaram porque, juntamente com o órgão, teriam recebido também algo do caráter do doador. No entanto, o desenvolvimento dessa alteração de caráter parece depender sobretudo da postura do paciente que recebe o órgão, como deduzem médicos austríacos com base num estudo.

Os médicos do hospital universitário de Viena entrevistaram 47 pacientes depois de um transplante de coração, sobre como eles descreveriam sua própria personalidade antes e depois da cirurgia. 79% dos entrevistados acreditavam que sua personalidade não tinha mudado em nada nos dois anos que tinham passado desde o transplante. Mas os médicos vienenses observaram também que essas pessoas não gostavam de refletir sobre esse assunto. Elas se recusavam ou negavam tudo que estivesse conectado a isso; ou mudavam rapidamente de assunto e faziam alguma piada sobre a pergunta. 15% dos pacientes, porém, acreditavam que sua personalidade tinha realmente mudado. Mas esses pacientes acreditavam que a causa fosse não o órgão que tinham recebido, mas o fato de que tinham passado por uma doença possivelmente fatal e que tinham escapado da morte por pouco. Três pacientes (6%), por sua vez, relataram uma mudança profunda de sua personalidade, que eles remetiam diretamente ao novo coração. Diziam, por exemplo, que o novo órgão em seu peito as obrigava a mudar seus sentimentos e suas reações e que não lhes restava nada senão aceitar os sentimentos do doador. Antes do transplante, essas pessoas encararam a cirurgia com grande medo e ceticismo. Depende, portanto, da nossa postura se as mudanças que ocorrem em nossa vida nos mudam também em nosso ser. É provavelmente por isso que o tipo do órgão recebido é importante quanto à pergunta se o paciente acredita que o órgão lhe deu uma nova personalidade. Pacientes que receberam o coração de um doador, contam, frequentemente, que sofreram uma mudança em sua personalidade. Afinal de contas, acreditamos que esse órgão é o centro do amor e, por isso, ele possui uma alta carga emocional. Algo semelhante vale para os ainda raros transplantes de rosto, sempre acompanhados por um fator assombroso, já que o rosto representa, em medida especial, o caráter e a individualidade de uma pessoa: o rosto caracteriza tanto uma pessoa que, ainda hoje, policiais e agentes alfandegários no mundo inteiro apostam em sua singularidade.

Além do tipo de órgão transplantado, existe mais uma coisa que aumenta o suposto poder do doador sobre o paciente: o conhecimento detalhado. Não surpreende, então, que as pessoas em países em que elas podem obter informações sobre o doador acreditam frequentemente que esse falecido continua a viver dentro delas ou que elas são influenciadas por ele, ao contrário da Alemanha, onde a identidade e o tipo de morte sofrida pelo doador são mantidos em segredo absoluto e onde também não existe nenhum contato entre as famílias do paciente e do doador. As consequências de uma abertura maior podem ser dramáticas. Muitas vezes, os médicos no exterior falam dos pesadelos de seus pacientes após o transplante, como do jovem no Havaí, que recebeu um coração de uma vítima de homicídio. O doador tinha morrido porque alguém tinha lhe dado um tiro no meio do rosto. O jovem que recebeu o coração do morto sonhava frequentemente com flashes de luz ameaçadores diretamente em frente aos seus olhos.

Por mais impressionantes que sejam todas essas histórias – elas mostram sobretudo uma coisa: a alma não só reside em nosso corpo, ela é uma parte dele. Corpo e alma correspondem intensamente um com o outro. Ambos são capazes de exercer influência sobre o outro. Assim, tanto o nosso bem-estar psíquico como o nosso bem-estar físico exercem uma influência considerável sobre quem nós somos.

MICRÓBIOS CONTRA DEPRESSÕES

Não precisamos nem mencionar que chocolate tem o poder de confortar a alma. Mesmo que a razão disso não possa ser a quantidade minúscula do hormônio da felicidade serotonina contida naquela delícia marrom – precisaríamos comer quilos dela. Mas açúcar, gordura e o sabor da infância sinalizam à alma durante o consumo do chocolate, sem dúvida alguma que, agora, ela tem a permissão de se sentir melhor. Também um capuccino decorado com um coração de chocolate em pó costuma ser uma contribuição certeira para o nosso bem-estar, e isso vale para uma boa macarronada com o molho que seja – e uma boa conversa durante as refeições com amigos está predestinada a ter o mesmo efeito.

Todos que já passaram por momentos de tristeza sabem disso. Ou seja, todos. Mas a comida tem também outros efeitos realmente surpreendentes sobre o nosso humor, que, até recentemente, nenhum psiquiatra teria tido a coragem de mencionar porque teria sido declarado louco. Um número cada vez maior de estudos confirma que aquilo que comemos pode nos mudar em nosso íntimo e afetar também a nossa psique, pois, aparentemente, o nosso intestino abriga algo semelhante a uma segunda alma. No mínimo, existe ali um subdepartamento da alma que controla e modula, de modo extraordinário, os sentimentos que são gerados e produzidos no nosso cérebro. "Nas últimas décadas tornou-se cada vez mais evidente que a contribuição do intestino para a saúde psíquica é imensa", afirma Peter Falkai, diretor da clínica de psiquiatria na Universidade de Munique. "Por isso, devemos mudar completamente a forma como refletimos sobre aquilo que chamamos de alma." E, evidentemente, nós somos capazes de mudar essa alma, podemos, talvez, até adoecê-la ou também curá-la – dependendo de como a alimentamos. E com isso alteramos até a nossa personalidade.

O ser humano já suspeita há muito tempo que o intestino é um órgão inteligente e que, em alguns aspectos, pode até competir com o cérebro. E sabemos há muito tempo que o intestino abriga uma extensa rede de nervos que consiste em mais de 100 milhões de células nervosas, que conecta o centro do corpo com o cérebro e que sempre se manifesta quando nos excitamos tanto que precisamos correr para o banheiro ou quando o medo embrulha nosso estômago. Não é à toa que o intestino é chamado de "segundo cérebro". Mas o intestino é mais do que isso, ele é também a sede de uma inteligência coletiva de extensão gigantesca. E ele importou essa inteligência coletiva de fora. Ela consiste em inúmeras bactérias, que vivem no intestino. Com sua superfície de 32 metros quadrados, o intestino não é somente o maior órgão do ser humano, ele oferece também muito mais oportunidades de contato com as regiões mais próximas do que a pele humana, que não passa de dois metros quadrados. Por isso encontramos nele um ambiente riquíssimo: mil tipos de bactérias diferentes vivem no intestino de cada ser humano, inimagináveis 100 trilhões se contarmos cada uma individualmente – ou seja, são mais bactérias do que o número das células que compõem nosso corpo. Os tipos de bactérias variam de pessoa para pessoa – ao longo da vida, cada um de nós cria sua própria mistura individual. É a nossa personalidade em forma de bactérias altamente individualizada. Alguns especialistas acreditam que chegará o dia em que essa mistura de bactérias permitirá identificar uma pessoa com a mesma precisão oferecida por seus digitais. Essa é a expectativa de Jack Gilbert, do Microbiome Center, da Universidade de Chicago. O biólogo analisa os rastros microbiais que as pessoas deixam quando entram num espaço novo, por exemplo. "Podemos averiguar com uma precisão suficiente se uma pessoa esteve num apartamento e até mesmo há quanto tempo não voltou para ele", afirma Gilbert.

Algumas horas em determinado espaço bastam para permitir que os micro-organismos também cheguem nele. No futuro, bastará também um tempo mais curto para encontrar os rastros, acredita o biólogo. Dessa forma, ele conseguirá até comprovar a presença de criminosos, mesmo que estes usem luvas e façam de tudo para não deixar nenhuma digital; eles deixarão um rastro de micróbios. E não haverá nada que eles possam fazer contra isso, pois as bactérias se encontram em todo o nosso corpo. A partir do intestino, elas conquistam a cavidade bucal e a pele. Sempre deixamos alguma bactéria para trás.

Quais micróbios se sentem à vontade em um ser humano e se instalam nele a longo prazo, isso depende daquilo que ele ingere. Pão integral ou pão francês, legumes ou carne, café com açúcar ou café puro – tudo isso afeta a coleção pessoal de bactérias no intestino, o "microbioma". Um tratamento com antibióticos – e a flora de germes no intestino é reduzida a nada primeiro; muito iogurte com bactérias ou muito chucrute, e ela volta à vida, possivelmente, porém, não igual a antes. E o tipo do conjunto de bactérias parece ter um efeito enorme sobre a saúde de um ser humano. Os micróbios no intestino participam, portanto, da decisão se alguém adoecerá fisicamente, porque sua digestão não está funcionando corretamente ou porque bactérias atacam seu coração; por causa de sua conexão direta com o cérebro, eles também são importantes para a saúde psíquica.

Aflições psíquicas como medo, excitação ou um coração partido afetam estômago, intestino e bexiga. Aparentemente, porém, um intestino doente também pode provocar aflições psíquicas. Há muito tempo, chama atenção o fato de que inúmeras pessoas com doenças gastrointestinais sofrem também com problemas psíquicos. Um em cada dois pacientes com Síndrome de Cólon Irritável tem também algum tipo de depressão ou um transtorno de ansiedade. Uma infeção gastrointestinal pode alterar o humor. E muitas vezes os autistas sofrem com algum problema intestinal. É claro que os problemas intestinais poderiam simplesmente ser uma consequência dos problemas psíquicos – visto que crianças com autismo precisam ser tratadas frequentemente com antibióticos. "A causalidade é um grande problema nessas investigações", admite o microbiologista Rob Knight. "É difícil determinar se uma colonização intestinal alterada é a causa ou a consequência de uma doença."

Algo semelhante vale para a descoberta chocante de cientistas dinamarqueses de que crianças e jovens, depois de um tratamento com antibióticos, apresentam uma probabilidade maior de desenvolver um distúrbio psíquico. Depois de infecções que exigem uma internação num hospital, a probabilidade do desenvolvimento de um distúrbio aumenta em mais de 80%, escrevem os pesquisadores liderados por Ole Köhler-Forsberg, do hospital universitário em Aarhus, num estudo altamente relevante para a atualidade. Eles concluíram isso a partir do registro nacional de pacientes na Dinamarca, que documenta os dados da saúde de todos os habitantes desde o nascimento. Isso lhes permitiu analisar quase 1,1 milhão de pessoas. 57.000 destas haviam sido tratadas com psicofármacos. Segundo esses dados, as pessoas que haviam sido tratadas na clínica com medicamentos contra micróbios, por causa de uma infecção grave, desenvolviam nos três meses seguintes uma doença psíquica com uma frequência que era 1,84 vezes mais alta do que as pessoas que não haviam ingerido anti-infecciosos. Os distúrbios causados incluíam transtorno de ansiedade, transtorno obsessivo-compulsivo, distúrbios comportamentais e esquizofrenia. O vínculo era mais forte quando essa infecção era tratada com antibióticos que destroem bactérias e estava ausente quando eram administrados remédios contra vírus ou fungos. Além disso, o risco aumentava com o número de antibióticos administrados. Por ora, isso nada mais é do que uma observação, ressalta Köhler-Forsberg. Isso ainda não demonstra que a doença psíquica se deve ao fato de os antibióticos alterarem a microflora no intestino. Mas é mais uma pedrinha no mosaico. Os indícios estão se acumulando. Aparentemente, a interação entre cérebro e intestino não é uma via única. Mas qual é a extensão da influência do intestino? É possível que um iogurte possa curar uma depressão? É possível que pessoas com autismo só teriam que comer mais chucrute para aumentar sua capacidade de estabelecer contato com outras pessoas? É possível que bananas ajudem contra transtornos de ansiedade?

Por mais absurdo que isso possa soar: Frederik Nyström ficou fascinado com essa ideia desde o início. O professor sueco de medicina interna desenvolveu, já em 2010, um estudo para esclarecer a questão. Sua inspiração foi um cinematógrafo: afinal de contas, pouco antes, o documentarista norte-americano Morgan Spurlock havia demonstrado de forma engraçada e perturbadora com o seu filme *Super Size Me* [no Brasil, *A dieta do palhaço*], como comida de má qualidade afeta o humor. Depois de um mês em que Spurlock havia se alimentado exclusivamente de *fast food* para o seu autoexperimento cinematográfico, ele apresentou não só enzimas hepáticas descontroladas e um aumento de peso de onze quilos, mas estava também de péssimo humor. O *fast food* tinha deixado ele "instável, irritado e infeliz", disse Spurlock. Um caso isolado?

Nyström testou isso com 19 de seus alunos. Durante um mês, ele os instruiu a praticarem o mínimo de atividades físicas possível e ingerir o máximo de *fast food* – levando-os a imitar Spurlock em seu filme. Os alunos ingeriram quase o dobro das calorias que, sob condições normais, teria sido saudável para eles. Assim ganharam entre 5 e 15% de seu peso e desenvolveram taxas sanguíneas assustadoras. No fim, eles se sentiam "cansados e inchados", como contaram ao jornalista do *The Guardian* britânico, e no que dizia respeito ao seu humor, eles se sentiam abatidos – dependendo da quantidade que tinham comido.

Se, porém, o *fast food* nos deixa mal-humorados não só porque ficamos com uma consciência pesada e porque ele nos engorda, mas se ele realmente afeta a nossa alma por via do intestino, isso não significaria também que comida boa melhora o nosso humor? O neurobiologista Emeran Mayer, da Universidade da Califórnia em Los Angeles, desenvolveu juntamente com sua colega Kirsten Tillisch um experimento para estudar isso: durante um mês, ele pediu que 12 mulheres saudáveis ingerissem duas vezes ao dia bebidas de iogurte com probióticos especiais – ou seja, bebidas com micro-

-organismos vivos. Outras 11 mulheres só beberam leite, e outras 13 podiam comer e beber o que queriam.

O resultado foi tão impactante que até Mayer se surpreendeu: em apenas quatro semanas, o iogurte mudou a natureza das mulheres. No final do experimento, as participantes que haviam ingerido probióticos duas vezes ao dia estavam muito mais relaxadas do que as outras mulheres. Quando Mayer lhes mostrava rostos assustados ou irritados, a reação dessas mulheres era mais fraca. Isso se manifestava até nos padrões de atividade em seu cérebro quando, ao contemplarem as imagens, se encontravam num tomógrafo de ressonância magnética.

Ambos os estudos eram pequenos, sim. Mas são apenas dois entre muitos. Nos últimos anos, inúmeras pesquisas têm fornecido indícios de que as bactérias são capazes de fazer muito mais: alguns tipos aliviam depressões, outros melhoram a grave Síndrome da Fadiga Crônica. O campo surpreendente da psiquiatria nutricional recebe novos impulsos a cada dia. É possível que, no caso do *fast food*, os ácidos graxos saturados da comida de qualidade baixa afetem o humor, explica a pesquisadora e cardiologista Almuenda Sánchez-Villegas. Ela analisou os hábitos alimentares e o estado de saúde de 12.000 pessoas. Durante o seu estudo, 675 dessas pessoas desenvolveram uma depressão. Entre aquelas que não se alimentavam de forma saudável, o risco de desenvolver essa doença era quase 50% mais alto. Ou será que eles só se alimentavam de forma inapropriada porque apresentavam uma propensão à depressão? É claro que cientistas do mundo inteiro levantaram a mesma pergunta e desenvolveram outros experimentos para investigar as ligações. O fato de que a conexão entre barriga e cabeça é uma via dupla pode ser demonstrado principalmente com experimentos em animais, pois esses resultados costumam ser mais inequívocos, já que as cobaias podem ser obrigadas a comer apenas coisas específicas. Ou simplesmente trocando os micróbios de um animal com os de outro por meio de um transplante de fezes. Dessa forma, Premsyl Bercik realmente conseguiu alterar o comportamento de ratos. Ele transformou ratos assustados, que gostavam de se esconder, em ratos corajosos. Os animais cautelosos desenvolveram certa curiosidade quando recebiam as bactérias intestinais de roedores aventureiros: de repente, passaram a explorar territórios desconhecidos e saíam da escuridão para se expor à luz. "Evidentemente, os micro-organismos determinam o comportamento de seu hospedeiro", explica Bercik, "e de modo um tanto claro".

No Japão, cientistas conseguiram acalmar roedores estressados com a ajuda de bactérias. Animais sem micróbios no intestino não só ficaram correndo agitados pelas suas jaulas, como produziram duas vezes mais do hormônio de estresse cortisol do que ratos normais, como descobriu uma equipe de pesquisadores de Nobujuki Sudo. Mas quando esses ratos recebiam probióticos, eles reagiam mais calmos.

E também Timothy Dinan, da Universidade de Cork, conseguiu tratar seus ratos com a ajuda de bactérias intestinais. Ele constatou que os animais sem uma flora intestinal natural, apresentam frequentemente algum déficit social: eles evitam o contato com outros roedores, preferem se esconder a procurar um lugar na sua jaula em que um outro rato se encontra. Este, porém, seria o comportamento normal para o rato, que é um ser social e curioso. Evidentemente, os animais sem micróbios intestinais têm muito medo do novo e um impulso social muito fraco. Mas seu transtorno de ansiedade pôde ser tratado quando recebiam as bactérias intestinais de ratos sociáveis. Logo os animais neuróticos se tornaram tão sociais quanto um rato normal costuma ser.

Dinan acredita que algo semelhante poderia funcionar também no ser humano. Em estudos preliminares, ele transferiu as bactérias das fezes de pessoas com Síndrome do Cólon Irritável e de ansiedade para o intestino de ratos. Os dados, ainda inéditos, indicam que os roedores passaram a apresentar um comportamento mais assustado do que aqueles que tinham recebido as bactérias intestinais de pessoas saudáveis. O sonho de Dinan é que, no futuro, haverá misturas de bactérias desenvolvidas especialmente para a alma: psicobióticos em vez de probióticos.

Ratos são usados há muito tempo também nos estudos sobre o autismo. Recentemente, têm sido feitos alguns experimentos que nos dão motivo de esperança. No laboratório, de Elaine Hsiao e Sarkis Mazmanian, foram tratados primeiramente ratos autistas: os animais eram medrosos e se comunicavam pouco uns com os outros; além disso, apresentavam movimentos estereotípicos, semelhantes a um tigre no zoológico. Mas quando os animais recebiam bactérias do filo *Bacteroides fragilis*, de repente, deixaram de se comportar de maneira tão estranha. E, de fato, já existem primeiros indícios de que algo semelhante poderia funcionar também em crianças autistas: os médicos, Richard Sandler e Sydney Finegold, trataram crianças nas quais o autismo fora diagnosticado relativamente tarde com um antibiótico que destrói apenas alguns grupos específicos de bactérias intestinais. Depois do tratamento, o comportamento das crianças se normalizou um pouco e elas conseguiram se expressar melhor.

O cérebro: um lugar muito bem protegido

Mas como as bactérias podem ter um efeito sobre o cérebro? Quais mecanismos poderiam ser responsáveis por isso? Afinal de contas, o cérebro é um lugar que goza de uma proteção especial no corpo. A entrada para o cérebro se parece com a entrada para uma discoteca badalada: só passa pelos leões de chácara (que, aqui, consistem em células grudadas umas às outras) cuja aparência e cujo comportamento forem apropriados. A fim de proteger a central de comando da vida de influências perigosas e infecções, a natureza inventou esse eficiente sistema de defesa, que se chama "barreira hematoencefálica". Ela garante que germes e venenos não invadam o cérebro. Um sistema inteligente permite que substâncias nutritivas cheguem até ele. Mesmo assim, alguns poucos agentes patogênicos conseguem burlar o sistema de vigilância – o vírus da raiva, por exemplo. E então conseguem afetar até o comportamento da pessoa infectada: afinal de contas, a raiva provoca não só agressões, os pacientes ficam inquietos e desenvolvem um medo de água. Mas os micróbios do intestino nem precisam chegar até o cérebro para lá desdobrar o seu efeito. Aparentemente, eles conseguem alterar a barreira hematoencefálica com a ajuda dos produtos de seu metabolismo. E sem os micróbios no intestino, tudo indica que nem existiria um sistema funcional de proteção. Uma equipe de cientistas internacionais, sob a liderança do sueco Sven Petterson, mostrou como isso funciona em ratos: pequenos ratos que foram paridos por animais maternos assépticos num ambiente asséptico não possuem uma barreira hematoencefálica funcional. Mas, quando os pequenos roedores recebem bactérias após o seu nascimento, o sistema de proteção em seu cérebro é ativado. Pois alguns dos produtos do metabolismo dos micróbios são capazes de fortalecer a barreira, reforçando a ligação entre as células. Petterson teme que um tratamento com antibióticos poderia alterar a permeabilidade da barreira por algum tempo.

As bactérias intestinais podem também interferir na comunicação entre células nervosas – como mostram estudos. Elas alteram a concentração dos alomônios necessários para a comunicação das células. As células do intestino grosso podem até produzir o hormônio da felicidade, a serotonina, que, normalmente, é considerado um "alomônio cerebral". Quando os micro-organismos produzem determinados metabólitos, estes incitam a parede intestinal a produzir mais serotonina, como descobriram a bióloga Elaine Hsiao e o microbiologista Sarks Mazmanian: a pessoa se sente mais contente. Então seu cérebro lhe diz: "Agora você pode relaxar, tudo está bem". Não é por acaso que muitos antidepressivos trabalham com o hormônio serotonina. Eles garantem que uma quantidade suficiente desse hormônio esteja à disposição impedindo sua absorção. Um número simples mostra a potência do intestino nesse aspecto: somente 10% da serotonina são produzidos no cérebro do ser humano, os outros 90% vêm do seu intestino.

E existem ainda outras substâncias neuroativas que são produzidas no intestino. Recentemente, um grupo de cientistas liderado pelo belga Jeroen Raes descobriu isso. Os cientistas encontraram grupos especiais de bactérias que ocorrem frequentemente em pessoas com depressões – e que, além disso, liberam produtos metabólicos que podem ter um efeito sobre a saúde física. Eles tiveram acesso aos dados de 1.054 belgas cuja flora intestinal eles analisaram completamente e que haviam recebido um diagnóstico médico de algum distúrbio depressivo. Os cientistas descobriram que bactérias dos gêneros. *Faecalibcterium, Dialister* ou *Coprococcus* acompanham uma qualidade de vida superior. Uma pessoa que hospeda esses micróbios, em grande número em seu intestino, tende a estar protegida de depressões. E os pesquisadores também forneceram uma explicação para isso: Muitos desses micróbios possuem genes que produzem substâncias neuroativas, entre elas o ácido gama-aminobutírico ou um metabólito da dopamina. Além disso, o intestino hospeda grandes partes da defesa imunológica. Dois terços de todos os leucócitos do corpo fazem patrulha no intestino. E muitos sentimentos são transmitidos por meio das células do sistema imunológico e de suas moléculas de comunicação. Há muito tempo sabemos que os micróbios e seus metabólitos ativam os leucócitos quando uma infecção acomete o corpo. Ao mesmo tempo, porém, podem também favorecer sintomas depressivos, medo e exaustão crônica. Dependendo de sua composição, o microbioma é provavelmente capaz de produzir milhares de diferentes substâncias biologicamente ativas.

E, aparentemente, existe até mesmo uma ligação direta entre o intestino e o cérebro na forma de uma sinapse. Isso significa que a comunicação entre esses dois órgãos não depende apenas de moléculas como mensageiros, como a ciência tem acreditado por muito tempo. Cientistas da Duke University, em Durham, acabaram de demonstrar isso em ratos. "O intestino e o cérebro não se comunicam apenas por meio de hormônios. Existem também conexões nervosas diretas, que permitem uma transmissão de informações mais rápida", afirma Diego Bohórquez, da Duke University. Segundo ele, células especiais nas paredes intestinais se comportam como células sensoriais. Usando a sinapse compartilhada para estimular diretamente o nervo vago, elas informam o cérebro em milésimos de segundos – por exemplo – sobre o teor de açúcar no intestino. A ideia de que a "sensação na barriga" seria um tipo de sexto sentido é absolutamente justificada, diz Bohórquez.

Você é o que come

Devemos admitir: muitos estudos, como também este acima, sobre a sinapse compartilhada entre intestino e cérebro, só se aplicam a animais ou foram realizados apenas com pequenos grupos de pessoas, e não raramente a indústria de iogurtes esteve envolvida. Portanto, devemos ter cuidado ao interpretar esses dados. Mesmo assim, os especialistas chegam cada vez mais à conclusão: Você é o que come. A comida pode mudar a alma.

A Comissão Europeia também já está convencida: ela investiu 13 milhões de euros no projeto "My New Gut" para pesquisar os efeitos dos micróbios sobre o cérebro. E o National Institute of Mental Health (NIMH), nos Estados Unidos, financia desde 2014, sete estudos sobre o chamado eixo intestino-cérebro com até um milhão de dólares cada um. Em breve, os resultados serão divulgados. Há muito tempo, existem também projetos civis como American Gut, uBiome e myMicrobes, que contam com uma participação cada vez maior de voluntários que lhes mandam amostras de fezes e preenchem questionários. Com base nos dados biológicos e nas informações sobre estilo de vida, histórico de doenças e medicação dos entrevistados, os pesquisadores pretendem obter mais conhecimento sobre o poder dos micróbios intestinais.

Será que, algum dia, seremos capazes de fornecer não só uma digestão melhor, mas também uma boa dose de otimismo, coragem e felicidade com a ajuda de comida ou bactérias em forma de pílulas vendidas na farmácia? "Ainda estamos bem no início", diz Peter Falkai, "mas, nos últimos anos, os resultados das pesquisas se multiplicaram e são tão surpreendentes que acredito que isso seja possível no futuro". E também o farmacologista Peter Holzer afirma: "É absolutamente possível que o microbioma seja um vínculo importante entre a alimentação e a saúde psíquica". Ele nos encoraja a ter cuidado com a nossa alimentação não só por causa do nosso peso, mas também por causa da nossa alma. Uma pessoa que se alimenta principalmente com alimentos industriais e fortemente processados, como pizza ou lasanha congelada, possui uma diversidade menor de bactérias do que aquela que prepara sua própria comida e consome frutas e legumes com frequência. Holzer acredita que, "com uma mudança nos hábitos nutricionais, podemos alcançar muito em pouco tempo".

Ainda é muito cedo para dar conselhos concretos no que diz respeito à comida para a alma, afirma a médica Eva Selhub, que passou décadas ensinando uma vida mais saudável na Harvard Medical School. Mas ela já pode dar algumas dicas. "Existem numerosos indícios de que determinados modos de alimentação, como, por exemplo, a dieta mediterrânea ou também a alimentação japonesa tradicional, reduzem o risco de depressões", escreveu Selhub algum tempo atrás, numa revista especializada. Os japoneses que se alimentam de modo tradicional, por exemplo, apresentam um risco de 25 a 35% menor de desenvolver uma depressão do que os japoneses que adotaram um estilo de vida ocidental. Muitos dos legumes, frutas, algas e frutos do mar que, além do shoyu e do kimchi (o "chucrute asiático"), fazem parte da comida japonesa tradicional e são fermentados. Seu alto teor de bactérias faz com que ajam como probióticos naturais. E também a alimentação mediterrânea com iogurte, azeitonas e vinho tinto contém muitos alimentos fermentados, que fornecem bactérias boas e podem mudar a flora intestinal. "É como um carro novo e seu combustível", explica Selhub: o cérebro também precisa do melhor combustível para que não seja danificado.

Mais ainda devemos ser cautelosos: não compre produtos para a otimização do microbioma ou uma análise genética de seu zoológico bacteriano particular, tampouco beba iogurtes probióticos ou kombucha que custam uma fortuna. Mas você pode fazer um experimento particular e tentar sentir: "O que tudo isso significa para você pessoalmente?", pergunta Eva Selhub. "Comece simplesmente prestando atenção naquilo que diferentes alimentos fazem com seus sentimentos – não só no momento em que você os ingere, mas no dia seguinte." O conselho de Selhub: durante duas ou três semanas, tente não comer alimentos processados e coloque comida fermentada na mesa – chucrute, missô e iogurte. Depois, volte a inserir aos poucos outros alimentos em sua dieta e veja como você se sente. "Quando meus pacientes largam os produtos processados", conta

Selhub, "a maioria não consegue acreditar como isso melhorou seu bem-estar – físico e emocional. E como pioram quando voltam a integrar em sua dieta os alimentos que tinham excluído dela".

Transformado durante o sono

Em seu esforço constante de sempre mostrar o melhor desempenho, o homem moderno também está constantemente disposto a explorar a si mesmo. Além de sua carreira no escritório e sua vida familiar digna dos padrões do Instagram, ele se dedica com muita energia também a inúmeros *hobbys* estilizados e se esforça em transformar seu corpo em um *showroom*. Existiria, porém, uma maneira tão simples, confortável e relaxante para fazer o melhor de si mesmo: todos nós poderíamos ser pessoas melhores – se todos dormíssemos mais! Em vez de passar na academia à noite ou assistir à "Lei e Ordem" quando as crianças finalmente estão na cama, porque queremos ter algumas horinhas para nós mesmos, só precisaríamos ir para a cama um pouco mais cedo e já teríamos feito muito para a nossa otimização. Bastaria fazermos menos ao invés de mais. As pessoas perceberam isso pela primeira vez no ano de 1959. Na época, o conhecido radialista norte-americano Peter Tripp lançou um autoexperimento para uma boa causa. A fim de arrecadar dinheiro para o "March of Dimes", ele anunciou que permaneceria acordado ininterruptamente por duzentas horas – e a ficar no ar durante todo esse tempo. Tripp se mudou para um estúdio feito de vidro e instalado na Times Square, em Nova York. Milhões de pessoas se tornaram testemunhas de como a falta de sono é capaz de alterar uma personalidade. Diante dos ouvidos de seus ouvintes, Tripp se transformou em outra pessoa. Com cada noite passada em claro, a natureza de Tripp se transformava audivelmente. Não só seus ouvintes habituais, mas também muitos cientistas acompanharam essa transformação com surpresa. Mesmo que a privação de sono seja um método de tortura conhecido desde os primórdios da humanidade. No final da década de 1950, as pessoas sabiam muito pouco sobre a importância do sono. A ciência do sono ainda não havia nascido. No final, a influência da maratona sem sono sobre a personalidade de Tripp foi muito mais dramática do que qualquer um tinha esperado.

Até o seu experimento, o homem de 32 anos de idade correspondia exatamente ao tipo que os radialistas costumam representar: sempre bem-humorado, esperto e sempre com uma piada na ponta da língua. Mas no terceiro dia, Peter Tripp já estava muito irritável, ele xingava o microfone e ofendia qualquer um que lhe dava o menor motivo para isso. A partir do quarto dia, ele começou a ter alucinações: via ratos correndo pelo seu estúdio e aranhas entrando em seus sapatos. Afirmou que seu terno consistia exclusivamente em vermes. Cada vez mais, apresentava comportamentos paranoicos. Tornou-se cada vez mais hostil e acreditava que os médicos encarregados de monitorar sua saúde estavam conspirando contra ele; às vezes, ele os atacava fisicamente. No último dia, ele não conseguia mais discernir entre realidade e alucinações. *He lost his mind*, constataram os médicos. Mas a despeito das ressalvas que estes apresentavam com uma urgência cada vez maior, Tripp continuou até o fim. Nas últimas 66 horas de sua maratona sem sono ele passou a tomar remédios para ficar acordado. Na 201ª hora ele finalmente caiu na cama – e só voltou a abrir os olhos vinte e duas horas depois. Quando acordou, a primeira coisa que pediu foi um jornal.

Depois dessa ação, a carreira de Tripp despencou, mas isso nada teve a ver com falta de sono ou com os estimulantes que tinha tomado. Tripp foi uma das figuras principais no escândalo de "Payola", de 1960: ele e vários outros radialistas haviam recebido dezenas de milhares de dólares das gravadoras para tocarem determinados títulos em seus programas.

No meio tempo, incontáveis estudos de laboratório têm comprovado o que Peter Tripp vivenciou naquele seu experimento ao vivo: falta de sono tem efeitos extremos sobre a personalidade de uma pessoa. A irritabilidade aumenta, o humor piora, a pessoa fica com raiva, medo e depressões. E nem é preciso ficar acordado vários dias seguidos como Peter Tripp. Basta fazer aquilo que muitas pessoas praticam em seu dia a dia: não dormir o bastante regularmente. Quem usar a noite para trabalhar, festejar ou praticar esportes, apesar de estar cansado, e mesmo assim programa o alarme para acordá-lo depois de seis horas de sono e usar café, estresse e outros estimulantes para sobreviver ao dia faz de si mesmo uma outra pessoa, mas – e disso temos certeza – não uma pessoa melhor.

"Uma pessoa que dorme apenas seis horas em dez noites seguidas se encontra, no que diz respeito ao desempenho, tempo de reação, memória e força de juízo, num estado correspondente a uma pessoa com um teor de álcool no sangue de 0,1%", explica o cronobiologista Christian Cajochen, de Basileia. Mesmo assim, muitas pessoas se gabam de sobreviver com seis horas de sono ou menos, principalmente políticos e chefes de empresas. Barack Obama, Angela Merkel e Wladimir Putin – todos eles fizeram afirmações desse tipo. Hoje em dia, uma necessidade de pouco sono parece ser um pré-requisito para posições de liderança. "Queremos ser governados por bêbados?", perguntou a revista *SZ Magazin* alguns anos atrás. "Provavelmente, não. Mas é o que está acontecendo. Todos eles estão com 0,1% de álcool no sangue. O tempo todo. Na maioria, o teor é ainda mais alto."

Já o físico e inventor Thomas Alva Edison, um verdadeiro *workaholic*, que, provavelmente, inventou a lâmpada incandescente também para poder virar a noite trabalhando, reclamou de seus contemporâneos dizendo que eles dormiam "o dobro do necessário, simplesmente porque gostam de dormir". O inventor, que sobrevivia com cinco horas de sono por dia, desprezava as pessoas normais: "Uma pessoa que dorme entre oito e dez horas por noite jamais dormirá de verdade e jamais estará desperto de verdade – ele simplesmente passa o dia cochilando em diferentes níveis". E Napoleão disse supostamente: "O homem dorme quatro horas; a mulher, cinco; e o idiota, seis". E quanto ao fato de que o pequeno imperador costumava cair no sono várias vezes durante o dia e de que seus súditos temiam que ele poderia cair do cavalo? Ninguém duvida disso. E mesmo sem esse detalhe, a afirmação de Napoleão é completamente equivocada. Pois com um ritmo de sono ao estilo de Napoleão cometemos um atentado destrutivo ao corpo e à alma.

"Falta de sono torna você gordo, estúpido e doente", prega há anos Jürgen Zulley, especialista em sono, um dos cientistas alemães mais conhecido nessa área. Ele repete isso diante de cada microfone que aparece na frente dele para despertar o país dos insones, para que se deitem mais cedo ou – dependendo do tipo – durmam até mais tarde. E "gordo, estúpido e doente" nem é tudo: a falta de sono altera até mesmo a personalidade. A falta de sono duradoura se grava profundamente na personalidade.

O tamanho das mudanças no corpo se mostra no número 711. Esse é o número de genes afetados quando o ser humano não dorme o suficiente durante uma semana, como descobriu um grupo de trabalho liderado por Derk-Jan Dijk, da Universidade em Surrey, na Inglaterra. E a falta de sono nem era extrema: 26 dos participantes puderam dormir no máximo seis horas por noite durante sete dias. Os cientistas usaram amostras de sangue para analisar os genes após esse período. Com base nas proteínas encontradas no sangue (as chamadas moléculas de RNA), eles puderam tirar conclusões sobre a atividade genética. Então compararam esses resultados com as amostras de sangue das mesmas pessoas, extraídas após uma semana de descanso pleno, durante a qual tinham dormido todas as noites até dez horas. Depois de dez horas, eram acordadas, pois um excesso de sono também não é favorável à saúde.

Em centenas de genes, os cientistas encontraram alterações, ou seja, em mais ou menos 3% dos 23.000 genes que o ser humano possui; 444 genes mostraram uma atividade reduzida no estado descansado; 267, uma atividade maior. Dependendo da função dos genes, as consequências podiam ser positivas ou negativas. Os genes afetados eram principalmente aqueles que são responsáveis pelo sistema imunológico e pelas reações contra infecção, mas também pela reação de estresse do corpo. Portanto, a falta de sono resulta não só num risco elevado de pressão alta, sobrepeso, diabetes, fraqueza cardíaca, doenças gastrointestinais e infecções, mas também torna mais prováveis distúrbios como depressões e agressões. No fim, a falta de sono certamente pode ser fatal. Ratos morrem após duas ou três semanas sem sono, como mostraram os experimentos.

E os japoneses têm até uma palavra para a morte causada pela privação de sono: chamam isso de *karoshi*.

Cada um que esteja atento a si mesmo sabe no fundo que, quando não está descansado, ele fica mais irritável e injusto. A ciência investigou a fundo esse fenômeno. Pessoas que não dormem o bastante se estressam e se irritam com uma facilidade maior do que pessoas que passaram bastante tempo na cama. Alguns anos atrás, os cientistas da Universidade da Pensilvânia deram aos participantes de seus estudos tarefas de concentração e observaram como eles reagiam. A metade das pessoas pôde dormir normalmente antes do teste, a outra metade tinha se mantido acordada durante uma noite. Então, os participantes tiveram que subtrair o número dois de um número de quatro dígitos durante dez minutos – 3999, 3997, 3995, 3993, 3991, 3989... Depois do experimento, os níveis de estresse dos insones eram consideravelmente os mesmos níveis nos descansados. Os primeiros estavam também mais assustados, irritados e apresentavam uma tendência à depressão. Ironicamente, a diferença entre os dois grupos diminuiu quando as condições aplicadas eram mais rígidas, quando as pessoas precisavam fazer um esforço maior e seu nível de frustração aumentava: num segundo experimento eles deveriam subtrair o número 13 de um número de quatro dígitos – 3999, 3986, 3973, 3960, 3947... sob pressão de tempo. Além disso, recebiam constantemente um *feedback* negativo. Um computador lhes mostrava que eles faziam parte dos piores 25% dos participantes, mesmo quando não era verdade. Depois do experimento, todos os participantes estavam altamente estressados, a falta de sono mal chegava a piorar o seu sofrimento. Provavelmente, as pessoas que foram privadas de seu sono se estressam mais facilmente, deduzem os cientistas. "Mas isso não significa que reagem de forma ainda mais estressada sob estresse maior." Ou seja, elas sentem a pressão mais rapidamente, mas a extensão de sua reação de estresse não aumenta como um todo. Mas a falta de sono exerce uma influência sobre a personalidade do ser humano não só em termos de propensão ao estresse. Nós também nos tornamos mais dispostos a ignorar riscos e escrúpulos. Os donos de cassinos se aproveitam disso há décadas, pois sabem que jogadores cansados fazem apostas mais ousadas. As luzes brilhantes, o volume e as salas sem janelas foram criados para levar as pessoas a esquecerem como o tempo passa. Muitas vezes, estão mais cansadas do que estão dispostas a admitir a si mesmas. Alguns anos atrás, um grupo de cientistas liderado por Michael Chee, da Duke University, privou de sono os participantes num experimento de jogos. Antes de cada passo, os participantes podiam escolher se queriam aumentar as chances de ganhar o máximo possível ou se preferiam minimizar o risco de perder muito. Após uma única noite sem sono, os participantes já começaram a tomar decisões mais ousadas. A falta de sono os tornou mais otimistas e mais dispostos a correr riscos, ou seja, eles apostavam em sua sorte, acreditando que ganhariam mais.

Um experimento que entrou para a história é um experimento computadorizado com bexigas infláveis, o "Balloon Analogue Risk Task". Ele mostra com um grande estrondo que as pessoas que não dormem o bastante agem de forma mais inescrupulosa e agressiva do que pessoas descansadas. Para o teste com as bexigas, os cientistas permitiram que suas cobaias dormissem apenas cinco horas por noite durante semanas e então pediram que eles, juntamente com cobaias descansadas, enchessem balões na tela de seu computador. Eles eram incentivados a encher as bexigas o máximo possível, pois assim ganhariam mais dinheiro. Mas quando a bexiga estourava, os jogadores não recebiam nada. As cobaias exaustas não conheciam limites. Elas enchiam e enchiam as bexigas e, muitas vezes, a sua bexiga estourava e, com ela, o seu sonho de ganhar muito dinheiro. Com as cobaias descansadas isso acontecia com uma frequência muito menor.

A privação de sono pode produzir até sintomas de esquizofrenia e psicoses, como já mostraram as aranhas, os ratos e os vermes do radialista Peter Tripp. E isso pode acontecer rapidamente, como constataram com surpresa psicólogos da Universidade de Bonn e do King's College, em Londres. Basta privar uma pessoa saudável de sono por 24 horas para provocar estados semelhantes à esquizofrenia e à psicose. Ela perde o contato com a realidade ou sofre alucinações e ilusões sensoriais; ela acredita, por exemplo, que está ouvindo vozes estranhas. "Entendemos que, depois de uma noite passada em claro, a capacidade de concentração diminui", diz Ulrich Ettinger, do Instituto de Psicologia de Bonn e um dos autores principais do estudo. "Não esperávamos que os sintomas fossem tão fortes após uma noite passada em claro." É provável que o resultado dramático se deva ao fato de que a função de filtragem no cérebro das cobaias deixou de funcionar devido à privação de sono. Depois que os participantes tinham sido mantidos acordados com filmes, conversas, jogos e curtas caminhadas, durante uma noite inteira, os cientistas realizaram uma medição conhecida, a "inibição por pré-pulso". Nesse experimento, a pessoa ouve um barulho alto em seus fones de ouvido, ela se assusta. O quanto ela se assusta pode ser medido pela intensidade da contração dos músculos no rosto. Mas quando, antes do barulho alto, ela ouve um barulho menos alto, o "pré-pulso", a pessoa normalmente se assusta menos. Ela estava preparada para o barulho alto. O cérebro usa esse mecanismo para se proteger contra uma sobrecarga sensorial, ele filtra o importante do irrelevante. Mas, no cérebro cansado, isso não funciona tão bem. "O que surge no cérebro é um caos", explica Ettinger. Os participantes do teste estavam mais sensíveis à luz, cores ou claridade, sua percepção temporal, a percepção de seu próprio corpo e seu olfato estavam alterados, seus pensamentos estavam erráticos.

Por fim, a falta de sono afeta também o comportamento social – não só porque ela torna a pessoa mais agressiva e irritável. Uma pessoa que dorme pouco se isola inconscientemente e chega até a ter uma expressão que afasta as pessoas, como mostra um experimento de Matthew Walker: há vinte anos, o diretor do Sleep and Neuroimaging Laboratory, na Universidade da Califórnia em Berkeley, estuda o sono e sua influência sobre o cérebro e conseguiu fazer algumas descobertas essenciais. Walker afirma que já sabemos há bastante tempo que o isolamento social pode provocar perturbação do sono. "Mas agora vemos que o contrário também se aplica: falta de sono pode levar as pessoas a se sentirem mais solitárias. E isso é reforçado ainda mais pela reação dos outros." Em seu experimento, 138 pessoas que haviam sido impedidas de dormir durante uma noite foram comparadas com outras que puderam se entregar a uma doce noite de sono. No dia seguinte, assistiram a um vídeo no qual pessoas vinham em sua direção uma após a outra. Quando alguém se aproximasse demais delas, elas deveriam indicar isso apertando uma tecla. O resultado foi chocante: os participantes que não haviam dormido se sentiram ameaçados muito mais cedo pelas pessoas que se aproximavam delas. Sua abertura social era notavelmente menor do que a dos participantes descansados. Estes permitiam que as pessoas se aproximassem dela até uma distância 60% menor. "Aqueles que não haviam dormido à noite insistiam numa distância social maior", conta Walker. "Uma falta de sono leva as pessoas a evitar as outras e a manter uma distância social maior."

Quando não dormimos, nós nos transformamos rapidamente em seres associais. E não demora e nós nos sentimos sozinhos. No cérebro, vemos o reflexo disso na atividade reduzida de uma região considerada a rede do "Theory-of-Mind". Trata-se de uma região que nos permite interpretar e entender as ações e intenções de outras pessoas, ou seja, é a região que nos torna seres sociais. Pessoas que sofrem com solidão, essa rede costuma ser menos ativa. Aparentemente, isso vale também para pessoas com uma falta aguda de sono.

E as outras pessoas parecem perceber isso: num estudo adicional, Walker e seu colega Eti Ben Simon mostraram a 1.033 pessoas curtos clipes de vídeos que mostravam um grupo de estudantes discutindo sobre temas políticos atuais. Alguns desses estudantes tinham dormido pouco, os outros não. Mas as pessoas na frente da tela não sabiam disso. Sem conhecer as condições daqueles que elas estavam observando, avaliaram as pessoas que não tinham dormido o bastante como mais solitárias. Ao mesmo tempo, não queriam se envolver com elas. "A falta de sono tem, portanto, um efeito de distanciamento social", diz Walker. Assim, a falta de sono pode até provocar um ciclo vicioso da solidão: "Quanto menos você dorme, menos você quer interagir com os outros. Os outros, por sua vez, percebem você como uma pessoa não sociável e assim reforçam o seu isolamento social", explica Walker. "A falta de sono nos transforma em leprosos sociais."

A privação de sono interrompe a remoção de lixo no cérebro

Por que, porém, o efeito da falta de sono é tão drástico? O que acontece no cérebro tem sido investigado a fundo. Com a ajuda de tomógrafos de ressonância magnética, os cientistas podem assistir ao cérebro enquanto trabalha e, por isso, podem ver também quais regiões cerebrais são especialmente ativas sob determinadas condições. As tomografias mostram que as células nervosas da amígdala como sede das nossas emoções mostram uma reação muito mais forte sob privação de sono do que no estado normal. Quando as pessoas veem imagens perturbadoras, como fotografias de corpos mutilados ou de crianças com câncer, as células nervosas emitem sinais numa medida até 60% maior do que células da amígdala descansadas. Aparentemente, é interrompida também a conexão entre sentimento e razão, ou seja: a conexão entre a amígdala e o córtex pré-frontal medial altamente desenvolvido. Nessa região da razão, as reações da amígdala costumam ser moduladas, como se o córtex sensato estivesse dizendo à amígdala facilmente excitada: Está tudo bem, não se excite tanto, as coisas não são tão ruins quanto parecem. Mas basta uma noite sem sono para isso não funcionar mais. Em vez disso, a amígdala se conecta mais com a parte mais antiga do cérebro, o *locus caeruleus*, responsável pela liberação de hormônios de estresse. Os sentimentos saem de controle. "Sem sono, parece que o cérebro sofre uma recaída e reativa padrões primitivos", diz Matthew Walker. Ele volta para os tempos em que ainda não era capaz de "inserir experiências emocionais num contexto maior e de produzir respostas controladas e apropriadas". Quando privado de sono, o cérebro de pessoas saudáveis evidencia os mesmos padrões patológicos do cérebro de pessoas com uma doença psíquica, explica Walker. "Infelizmente, vemos o resultado todos os dias, quando, por exemplo, um médico se estressa com um paciente exigente, quando uma mãe cansada mostra uma reação excessiva ou quando um policial maltrata um cidadão."

A razão pela qual também a memória sofre com a falta de sono mostram imagens do hipocampo. Essa pequena região cerebral na forma de um cavalo marinho é responsável pelo armazenamento das lembranças. Há muito tempo sabemos que as lembranças são fortalecidas durante o sono; enquanto o ser humano dorme, aparentemente sem fazer nada, seu cérebro filtra as informações importantes e descarta as informações irrelevantes, muito é esquecido, outras coisas são transferidas para regiões mais profundas, onde podem ser lembradas. Tudo isso é feito pelo hipocampo. Mas ele também é afetado consideravelmente pela privação de sono. Quando o sono é negado a ele, o hipocampo não consegue esvaziar a memória. Novas informações não podem mais ser armazenadas. Por isso, já após uma única noite sem sono, as pessoas conseguem lembrar muito menos quando olham para imagens e tentam lembrar os detalhes.

E não são só informações que permanecem presas no cérebro, mas também lixo de verdade. Normalmente, as células cerebrais se encolhem durante o sono para que os canais entre elas, os chamados espaços intersticiais, aumentem. Isso permite que metabólitos inúteis sejam levados embora. Uma pessoa que não dá o tempo necessário ao seu cérebro para fazer isso, acumula esse lixo bioquímico danoso em sua cabeça. Muitos trabalhos de pesquisa já estão investigando se doenças como Alzheimer, Parkinson e enxaqueca têm sua origem nisso. Mas quando começa a falta de sono? Evidentemente, isso varia de pessoa para pessoa. Naturalmente existem pessoas que precisam de menos sono do que outras. E muito provavelmente, Barack Obama e Angela Merkel fazem parte desse grupo. O problema é: nem todos que acreditam precisar de pouco sono estão certos. E uma pessoa que nunca dorme o bastante não percebe necessariamente que ela não está descansada – da mesma forma como uma pessoa embriagada nem sempre percebe que ela está embriagada. "Uma pessoa que se sente disposta e produtiva com pouco sono", diz o cronobiologista Cajochen, "deveria se perguntar o quanto mais seria disposta e produtiva se dormisse um pouco mais".

E foi exatamente isso que Arianna Huffington fez. A fundadora da Huffington Post que, durante anos, se gabava de seu desempenho a despeito das poucas horas de sono, sofreu um colapso em 2007 sentada à sua escrivaninha. Ela bateu a cabeça e fraturou o osso malar. Desde então, Huffington reduziu o horário de trabalho, vai para a cama mais cedo e escreveu seu livro *A revolução do sono*. "Eu tomei as piores decisões na minha vida quando não tinha dormido o bastante. A falta de sono me levou a contratar as pessoas erradas e a me casar com a pessoa errada", ela alerta. Por isso, ela nos dá um velho conselho, mas agora com um significado totalmente novo: "Faça carreira na cama".

INVENTAR A SI MESMO AO INVÉS DE ENCONTRAR A SI MESMO

"Eu sou o resultado de tudo aquilo
que imaginei, desenhei, inventei.
Sou o que decidi ser".
Karl Lagerfeld (1933–2019)

Abram as cortinas para Brian Little! Quando o professor da Universidade de Cambridge sobe ao palco, de repente, todos os alunos acordam. Pois estão prestes a ouvir uma palestra que pouco tem a ver com a habitual arrogância professoral. Little entretém seu público como um apresentador no horário nobre da TV, com autoironia charmosa e humor certeiro. Seu estilo de apresentação é realmente cativante. A aula termina sem que os alunos tivessem consultado seus relógios uma única vez. Antes de vir para Cambridge, o canadense já foi professor na McGill University em Montreal e na Universidade de elite de Harvard, nos Estados Unidos, e em Oxford, na Inglaterra. Ele sempre corria pelo palco, contava uma piada após a outra e, às vezes, até cantava. Em troca, os alunos de Harvard o elegeram seu professor preferido três anos seguidos e ele recebeu o 3M Teaching Fellowship, a mais alta honra para professores no Canadá. No final de suas palestras, muitas vezes, seus alunos o aplaudiam de pé. Quem o vê tem a impressão de que, em vez de professor de Psicologia, Little poderia muito bem ter escolhido a carreira de ator. O homem tem isso no sangue. Errou feio. Por trás das palestras cativantes de Little não se esconde nenhum impulso inato para a apresentação no palco ou uma extroversão profundamente arraigada. Ele não nasceu como apresentador. Little simplesmente faz um esforço enorme para tornar suas palestras interessantes.

"Na verdade, eu sou muito, muito introvertido", afirma o psicólogo sobre si mesmo. "No fundo, sou o modelo da pessoa introvertida." Quando ele não está dando aula, ele é extremamente calmo e introvertido. Ele e sua esposa gostam de se retirar para a sua casa nas florestas canadenses. Ele lê, ouve música e, em vez de frequentar festas, prefere conversas íntimas em frente à chaminé. "Eu preciso de menos estímulos do que outras pessoas, preciso de muita tranquilidade e nem posso tomar uma xícara de café depois das 15 horas." Um típico introvertido. Pois nenhuma pessoa introvertida suporta uma dose de cafeína à tarde ou à noite, segundo Little.

Em suas palestras, porém, o professor se transforma em outro homem. Ele se abre como nunca na vida. (Exceto, talvez, quando conheceu a sua esposa e queria impressioná-la.) Mas por que ele é tão diferente quando está no palco? Porque as palestras são muito importantes para ele. Tão importantes quanto os encontros com a mulher com a qual se casaria. "Eu sou uma pessoa introvertida. Mas eu tenho um projeto xodó", explica Little, "e esse projeto é ser professor". Ele ama seus alunos e sua especialidade. Por isso ele mal aguenta esperar pela oportunidade de lhes comunicar seu conhecimento sobre a alma humana e de mantê-los atualizados sobre as pesquisas mais recentes. E já que os alunos precisam de um pouco de humor e entretenimento às nove da manhã para acordar e para prestar atenção, ele transforma as suas aulas em um espetáculo. Depois ele precisa ficar sozinho por um tempo, como ele admite. "Depois de uma apresentação diante de um público, às vezes, eu me tranco no banheiro dos homens para fugir dos extrovertidos", conta ele.

Fingir é permitido

Intencionalmente, Brian Little recorre a características que não fazem parte daquelas que predominam nele. Ele consegue fazer isso porque tem um objetivo. Sua transformação serve a um propósito, ele pretende alcançar algo dessa forma. Mas também longe dos grandes palcos do mundo, as pessoas costumam agir *out of character* de vez em quando, nas palavras de Little. Elas manifestam um comportamento atípico. E cada pessoa possui o potencial para fazer isso.

Na opinião de Little, o fato de a psicologia da personalidade descrever um ser humano com os *Big Five* e limitar seu ser a cinco grandes características é uma simplificação inapropriada. Ele admite que, em geral, cada pessoa possa ser descrita em boa medida com as cinco grandes dimensões da personalidade, mas ele considera o sistema rígido demais: "Será que nós somos apenas isso? Um conjunto de características?", pergunta ele e logo fornece a resposta à sua pergunta: "Não, é claro que não". Cada pessoa é, de vez em quando, uma outra. Além disso, existem no ser humano muitos outros traços individuais além de abertura, conscienciosidade, extroversão, amabilidade e neuroticismo – os de João, os de Maria, os de Pedro ou os de Sofia. "Eu não me sinto bem colocando as pessoas em gavetas. O lugar do ser humano não é em uma gaveta", diz Little, "somos semelhantes a muitos outros e, ao mesmo tempo, diferentes de todos os outros".

No fim, o que é que torna as pessoas diferentes umas das outras? É aquilo que fazem. Sobretudo, são as coisas que realmente importam a elas. Little as chama de "nossos projetos pessoais". Os temas pelos quais nos empenhamos com toda a nossa força, aquilo em que investimos nosso coração, a nossa lista de prioridades. Quando buscamos realizar esses objetivos, manifestam-se as nossas "propriedades de caráter livres", os *free traits* dos quais, além das nossas características predominantes, também dispomos e aos quais também podemos recorrer quando precisamos deles. Quando isso acontece, o introvertido mobiliza suas partes extrovertidas, e, de repente, o desleixado se torna organizado e ambicioso. Como exemplo para explicar sua *Free Trait Theory*, Little cita o exemplo da mulher amável que já levou sua mãe três vezes ao hospital, mas não recebeu nem um diagnóstico nem encontrou um médico disposto a dedicar tempo à sua mãe, e que, em algum momento, se torna agressiva. "Normalmente ela é muito amável, mas não agora, porque precisa obter ajuda para a sua mãe", explica Little. Essas características livres que podemos mobilizar são o que realmente importam no ser humano, não as grandes dimensões da personalidade que nos categorizam excessivamente, pois os momentos em que os traços livres se manifestam são os momentos decisivos. "São aquilo que conta." Isso vale, por exemplo, para um professor tímido que se transforma em palhaço para ensinar a jovens algo sobre psicologia da personalidade. Mas também para um aluno que, normalmente, é extrovertido, passa cada minuto na biblioteca e se encontra com seus amigos apenas na noite de sábado porque precisa se preparar para as provas finais. Ou para a menina de dez anos de idade reservada que se intromete energicamente para defender sua irmãzinha contra outras crianças.

Sabemos que mais ou menos 50% das diferenças entre as pessoas são determinadas pelos genes – e que, por isso, são bastante estáveis. Brian Little também sabe disso. Mas 50% são apenas a metade. Outra parte da influência sobre a individualidade de uma pessoa é exercida pelas experiências de ressonância na infância, que, quando ainda éramos crianças, nos ensinaram qual comportamento é considerado adequado pelo nosso ambiente e quais características da nossa personalidade devem ter destaque especial (cf. *Ressonância*, p. 104). Quanto mais receptivos formos para os desejos dos outros, para suas exigências e seus elogios, ou seja, para a ressonância que recebemos do nosso ambiente, mais as ideias e noções dos outros podem se tornar nossa segunda natureza como se fossem nossas próprias. Mas ainda assim a nossa personalidade não está completa. Pois é agora que vem a melhor parte: a individuação consciente. É aqui que nos esforçamos. Com base em todas as predisposições genéticas e todas as experiências de ressonância que acumulamos ao longo da nossa vida, nós nos realizamos. Isso acontece principalmente quando desejamos alcançar algo que é importante para nós, mesmo que as precondições que devemos satisfazer para isso coloquem a constituição básica do nosso caráter de ponta-cabeça. É assim que a mulher comedida, que, no fundo do seu coração, tem medo de outras pessoas, mas deseja desesperadamente ser médica, interagirá em sua profissão diariamente com inúmeras pessoas. Ela as tocará e falará com elas sobre assuntos íntimos. Porque ela quer. E a jovem ativista ambientalista pode, uma vez que foi encorajada pela ressonância positiva de seu ambiente, até superar os traços autistas profundamente arraigados nela. São as características livres que nos oferecem a possibilidade do crescimento pessoal – sem qualquer necessidade de mexer com nosso código genético. A personalidade consiste em pensamento, sentimento e comportamento. Quando essa tríade é alterada, a personalidade muda.

Aquele, porém, que se limita à sua constituição básica que ele recebeu de seus genes e de sua educação se priva de chances de desenvolvimento. Não posso fazer nada, é assim que sou! Algumas pessoas dizem isso cheias de convicção, e na Bavária as pessoas costumam dizer: *Mia san mia* ["Nós somos nós"] com um peito inflado de orgulho. Na verdade, porém, declarações desse tipo nada mais são do que expressões de paralisia, de uma grande inflexibilidade, de não querer se envolver. Num primeiro momento, isso pode até parecer confortável, fortalecer a fé na própria autenticidade e transmitir uma sensação de segurança, mas não é uma boa estratégia para dar conta dos desafios da vida. Pois uma pessoa que se obriga a permanecer fiel a si mesma, perde a oportunidade de se desenvolver por meio da mudança.

"Sempre que ouço o conselho: 'Seja você mesmo!', eu fico horrorizado", diz o psicólogo de saúde Ben Fletcher. Afinal de contas, nem sempre os hábitos de uma pessoa condizem com os desafios que ela enfrenta naquele momento. Portanto, não é nada vantajoso seguir sempre o mesmo padrão em seu comportamento, principalmente num mundo tão dinâmico quanto o atual. Quanto mais estática é a personalidade de uma pessoa, mais dificuldades ela tem de se adaptar a novas circunstâncias e mais suscetível a estresse ela é. Por isso, às vezes é melhor sair da nossa zona de conforto e fazer algo que não seja nosso comportamento natural. Fletcher também acredita que cada pessoa possui a capacidade de ser pessoas diferentes:

"à medida que desenvolvemos essa capacidade determina a medida de sucesso na nossa vida".

Resta a pergunta quão bem uma pessoa consegue agir fora de seu caráter primordial e com que frequência ela usa suas características livres. É claro que o talento para isso não é igual em todos, explica Fletcher, "mas é possível treiná-lo". O ser humano só usa 20% dos modos de comportamento que estão à sua disposição e só 10% de sua personalidade. "90% esperam ser explorados." A autora Susan Cain, que retratou também Brian Little em seu livro *Quiet: The Power of Introverts in a World That Can't Stop Talking* [Quietos: o poder dos introvertidos num mundo que não para de falar], acredita que existem muitas pessoas introvertidas em posições de liderança que se apresentam como extrovertidas. Na profissão, elas demonstram o comportamento que o trabalho exige delas, mas na vida particular continuam evitando festas e preferem passar seu tempo com as pessoas mais próximas. Como Alex, por exemplo, diretor de uma empresa no ramo financeiro, que, quando criança, fazia parte do grupo dos tímidos. Seus colegas de turma o aborreciam e gozavam dele o tempo todo. Aos 12 anos de idade, Alex decidiu mudar a sua vida. Ele observou como agiam os outros garotos que queriam fazer parte do grupo dos garotos populares e passou a imitá-los da melhor forma possível. Ele continuou nesse caminho na vida profissional e conseguiu chegar no topo de sua empresa.

Fazer algo diferente

Mesmo que você não queira dançar no palco de um auditório e também não tenha outro projeto importante, você pode atiçar as suas características livres. E é sensato fazer isso. Pois quando você está em treinamento, você está preparado para quando precisará delas. Será mais fácil reagir com flexibilidade a uma nova situação. "Na verdade, o ser humano possui toda uma caixa de ferramentas cheia de comportamentos úteis", diz a psicóloga Karen Pine, que passou muito tempo na Universidade de Hertfordshire pesquisando com Ben Fletcher. "Mas sempre pegamos a mesma ferramenta e a usamos sempre da mesma maneira." No entanto, existe uma miríade de maneiras de reagir a situações. A dica dela: devemos recorrer frequentemente a outras ferramentas, ou seja, seguir um caminho diferente ou testar uma reação à qual não estamos habituados e não repetir toda vez aquilo que fazemos sempre. Só se preservarmos um comportamento flexível, podemos descobrir coisas novas em nós e, talvez, até um talento oculto. Se você sempre usa seu tempo livre para jogar minigolfe ou fazer palavras cruzadas, você nunca descobrirá que jogar bola com outros pode ser legal; e quem nunca tentou acompanhar uma discussão apenas ouvindo o que os outros dizem e sem tentar dominar a conversa, não sabe que existe um lado silencioso, calado dentro dele. As pessoas nascem com talentos, mas, às vezes, eles atrofiam ou nem chegam a se manifestar. Certamente existem inúmeras pessoas com talento musical em famílias pobres que nunca tiveram a oportunidade de tocar um instrumento e que, por isso, não puderam se realizar. Um talento só chega a marcar uma personalidade quando a pessoa o usa – quando ela desenvolve seu dom musical, investe seu tempo em seu esporte preferido ou atua num palco. Isso vale para os nossos traços livres. Quando os usamos, eles nos transformam.

Para que isso se torne mais fácil, Ben Fletcher e Karen Pine desenvolveram um programa de treinamento chamado *Do Something Different*. Ou seja: Faça algo diferente! Assim aprendemos a ativar também os outros 90% da personalidade. Com o tempo, as características ocultas podem ser ativadas com uma facilidade cada vez maior. O segredo está no poder da ação.

É claro que os nossos pensamentos exercem um papel importante no desenvolvimento da nossa personalidade. Vimos isso quando discutimos o desenvolvimento da personalidade e da autenticidade: aquilo que pensamos sobre nós mesmos tem um efeito sobre o nosso comportamento. Nossas "crenças" profundamente enraizadas, que nos dizem que somos tímidos ou preguiçosos ou ruins em matemática, nos influenciam tanto que, muito provavelmente, realmente temos dificuldades com tarefas matemáticas, não conseguimos manter nossos documentos em ordem e não temos coragem de nos aproximar de um estranho (cf. *Ressonância*, p. 104).

No entanto, o fato de os pensamentos influenciarem o nosso comportamento é apenas parte da verdade. O inverso também se aplica: nosso comportamento cunha os nossos pensamentos – e a nossa personalidade – com a mesma intensidade. Isso funciona nas coisas pequenas, por exemplo, quando enfiamos na boca um lápis na horizontal até forçar os cantos da boca para cima, produzindo assim um sorriso que, então, de fato, melhora o nosso humor. Este é o segredo da ioga do riso, que nos instrui a gracejar: percebemos como o nosso humor melhora e nos acompanha pelo resto do dia. Basta assumir uma postura ereta, colocar o peito para fora, endireitar a coluna – e já assumimos uma postura altiva e a nossa autoconfiança se fortalece. E quando apertamos os músculos, já nos sentimos mais fortes.

O efeito do comportamento sobre a nossa alma faz parte de toda terapia comportamental, na qual as pessoas tentam romper seus ciclos de pensamentos negativos por meio de ações. Como os antidepressivos, as terapias podem, além de tratar a própria doença, causar mudanças de personalidade em pacientes com depressão grave. Pessoas que, por exemplo, estão fazendo uma psicoterapia, se tornam mais estáveis emocionalmente. Isso significa que, em combinação com nossos pensamentos, o nosso comportamento é a segunda coluna do nosso eu. E muitas vezes é mais fácil mudar a vida fazendo algo diferente do que ficar elaborando teorias. "Não se pode simplesmente dizer a uma pessoa que ela precisa mudar", afirma Ben Fletcher. Muitas vezes, resoluções também não bastam. "A pessoa deve testar um comportamento diferente para viabilizar uma mudança."

Muitas vezes, tentamos e tentamos quando algo não funciona. Não paramos de tentar. Em vez disso, deveríamos mudar de estratégia. No trabalho, quando não conseguimos resolver um problema, muitas vezes, basta levantar e bater um papo com um colega – quando voltamos para o nosso escritório, já temos uma visão diferente das coisas.

Isso funciona também em coisas maiores: Albert Einstein, cujo espírito estava aberto para o desenvolvimento de novas teorias que, no início, ninguém estava disposto a aceitar, disse certa vez: A definição de loucura é fazer sempre a mesma coisa e acreditar que o resultado será diferente. Esperto seria, portanto: se você quiser alcançar um resultado diferente, você deve fazer algo diferente. Uma sabedoria budista diz: O caminho para fora passa pela porta. Normalmente, não adianta ficar pensando em quem você deseja ser. O caso dos seminaristas que, na correria do dia a dia, não se importaram com a necessidade das pessoas à margem do caminho, mostrou: os valores que adotamos e que assumimos como nossos não nos transformam automaticamente em pessoas melhores. Isso vale também para a ética de trabalho, como demonstraram os dois psicólogos Philipp Schönegger e Johannes Wagner numa bela análise: a conduta dos filósofos morais no dia a dia não é melhor do que a conduta de pessoas cujo trabalho diário nada tem a ver com ética e moral. "Mesmo quando uma pessoa passa décadas se ocupando com questões éticas na base da teoria", explica Schönegger, "isso não influencia sua postura nem suas ações". Os pesquisadores compararam professores de ética de universidades alemãs com professores de outras disciplinas. O único aspecto positivo do ponto de vista moral era que os professores de ética consumiam menos carne do que os outros. Mas eles não faziam doações maiores para a caridade do que os outros professores, apesar de considerarem a generosidade uma característica positiva e importante.

O observador atencioso encontra discrepâncias semelhantes no mundo inteiro – e para isso nem precisamos conhecer a marca dos ternos dos políticos social-democratas como a do "chanceler de Brioni" Gerhard Schröder. Muitos ambientalistas ambicionados se mostram dispostos a violar suas próprias regras quando se mudam para a Tailândia ou para o Brasil. No convívio com os próprios filhos, os professores não são necessariamente exemplos pedagógicos. Psicoterapeutas podem ser tão cruéis com seus parceiros como pessoas que nunca ouviram falar do princípio de que, em vez de fazer acusações, é melhor falar sobre os próprios sentimentos. E médicos costumam ser os piores pacientes, como seus colegas descobrem continuamente: raramente os médicos seguem pessoalmente os conselhos que eles costumam dar aos seus pacientes. Mesmo assim, todas essas pessoas podem usar seu conhecimento especializado e seu profissionalismo para ser uma ajuda enorme para outras pessoas. Essa era também a visão do filósofo moral Max Scheler que, depois de uma visita ao bordel, teria dito: "A placa que aponta o caminho também não segue o caminho que aponta". Ou seja, uma teoria ajuda pouco no caminho para um comportamento diferente e mais sensato. O efeito de mudanças de comportamento sobre o nosso espírito, porém, pode ser enorme, como têm demonstrado os estudos de Fletcher e Pine.

Saber reagir com flexibilidade é, portanto, um ganho enorme na vida. Pois com a nossa inflexibilidade, com a nossa insistência em estruturas fixas, nós ficamos obstruindo nosso próprio caminho. A inflexibilidade dificulta a nossa vida simplesmente pelo fato de a vida ser flexível: a cada dia, ela nos surpreende. Por isso, pessoas presas em suas rotinas se estressam com facilidade: quando queremos que tudo seja como estamos acostumados, já ficamos nervosos quando não encontramos a nossa vaga habitual no estacionamento ou quando os nossos amigos mudam os planos para a noite de sábado. O estresse está dentro de nós, raramente está na situação em si.

No passado, Fletcher dedicou muito tempo ao estudo do estresse no local de trabalho. Já cedo, ele percebeu que pessoas com rotinas e hábitos fixos se sentem estressados rapidamente, ou seja, pessoas que querem que as coisas sempre sigam o mesmo esquema e que, por isso, não sabem lidar com desafios. Mas uma pessoa que consegue se adaptar a uma situação não sente tanta pressão tão rapidamente. Então, Fletcher pensou: "Talvez isso possa ser aproveitado para a mudança ativa". Quando treinamos reagir com uma flexibilidade maior, com o tempo, conseguimos fazer isso melhor. E, então, podemos aplicar a nossa flexibilidade recém-adquirida também a situações em que gostaríamos de ser outra pessoa. É preciso despir-se do manto que foi costurado por nossos hábitos e nossas preferências.

A nossa resistência interior que queremos tanto superar quando tentamos emagrecer, cumprir o nosso programa de atividades físicas ou sempre quando entramos no carro em vez de montar na bicicleta – ela é alimentada pela nossa incapacidade de aceitar o desafio de situações novas. Existe até uma conexão entre flexibilidade e índice de massa corporal: Jill Hanson, a doutoranda de Fletcher, descobriu que pessoas mais magras são mais flexíveis em seu comportamento e conseguem se adaptar melhor a novas situações do que pessoas mais rechonchudas. É, portanto, possível, que fazer algo diferente possa ajudar as pessoas não só a controlar o estresse, mas também a emagrecer.

A partir dessa ideia, Fletcher e Pine desenvolveram um programa de dieta, a *No Diet Diet*. O truque: pessoas que querem perder peso, mas cuja falta de disciplina ou, em termos mais positivos, cuja tendência ao hedonismo e ao ganho de prazer as impede constantemente de manter a dieta, são encorajadas a fazer coisas habituais de modo desabituado. "Isso resulta não só em perda de peso – as pessoas que participam do programa também se divertem", afirmam Fletcher e Pine. Pois, como muitos outros vícios, também, o hábito de comer demais está inserido numa rede de rotinas. Internalizamos tanto a maioria dos nossos comportamentos que eles acontecem automaticamente, eles são impulsionados por hábitos e pelo contexto, não por decisões racionais. O desejo de petiscos doces é apenas um desses comportamentos. Outros são o cigarro depois do café, as batatinhas na frente da TV e o hábito de sempre checar as mensagens no celular e, assim, interromper o trabalho. O programa *Do Something Different*, o DSD, pretende romper esses padrões de hábitos nocivos: a expectativa por trás disso é que, se alguém mudar um pouco a sua rotina, será capaz de fazer mudanças maiores com o passar do tempo – e finalmente conseguir perder peso.

Num estudo, Fletcher e Pine testaram sua *No Diet Diet* e a compararam com outras tentativas de emagrecimento. As pessoas que participaram do programa DSD receberam dicas personalizadas. Quando alguém informava que era tão nervoso que não conseguia ficar sentado por muito tempo, a ordem que ele recebia era: fique sentado por 15 minutos; ouça o canto dos pássaros ou toque uma música tranquila. Mas quando alguém era obrigado a ficar sentado o tempo todo em seu escritório, ele era instruído a ficar andando pela sala durante uma reunião enquanto falava, e a se levantar quando recebia uma ligação. Os participantes do grupo de comparação não receberam nenhuma instrução e tinham a liberdade de escolher a sua dieta. As pessoas que participavam do programa DSD recebiam também mensagens de motivação pelo celular. "Não se esqueça, mudanças grandes começam com passos pequenos", elas diziam. "Faça algo diferente hoje, não importa quão irrelevante seja." Ou mensagens mais concretas: "Costumamos acreditar que estamos com fome quando, na verdade, estamos com sede" e "Muitas vezes comemos por hábito ou tédio. Faça algo diferente: corra, converse, beba água, lave a louça, sorria!" Mas esses participantes não recebiam dicas para perder peso. Ninguém as advertia: "Alimente-se de forma saudável!", "Não beba refrigerantes!" nem "Faça uma atividade física por pelo menos 30 minutos por dia!" Eles só eram incentivados a variar rotinas solidificadas: "Vá dormir uma hora mais cedo" ou "Desligue seu celular ou sua TV por um dia". No fim do mês, o grupo do programa DSD tinha perdido bem mais peso do que o grupo de controle; e essa diferença foi mantida durante os meses seguintes. Quanto mais flexível o comportamento de um participante tinha se tornado, maior era sua perda de peso. No entanto, as mudanças de comportamento nada tinham a ver com nutrição ou perda de peso. Os participantes do programa DSD nem tiveram de fazer uma dieta, eles simplesmente emagreceram. Por conta própria, começaram a se alimentar de forma mais saudável e a se movimentar mais, pois este tinha sido seu desejo desde o início, mas que era minado constantemente por seus hábitos. O programa *Do Something Different* pode provocar algo semelhante em fumantes e em pessoas que estão à procura de um emprego.

A explicação? Uma pessoa que consegue romper padrões rígidos de comportamento começa a se ver com olhos completamente diferentes. Ela deixa de ser determinada por seu dia a dia e pelas expectativas e exigências dos outros, mas percebe que voltou a assumir o controle sobre sua própria vida. Isso aumenta a autoeficácia, que é tão importante. O comportamento muda os pensamentos. No fim, reconhecemos: conseguimos nos adaptar a circunstâncias novas. Portanto, conseguiremos também alcançar os nossos objetivos.

Simplesmente finja...

No fundo, a estratégia recorre às descobertas de William James, um dos pais da psicologia científica moderna: em sua teoria das emoções, o filósofo e professor de Harvard questionou no final do século XIX a tese predominante da época, segundo a qual os eventos provocam primeiro emoções e depois uma conduta. James alegou que, na verdade, o que acontecia era o contrário: a emoção resulta do comportamento. Não choramos porque estamos tristes. Primeiro reage o corpo e então o espírito deduz da reação do corpo que estamos tristes. O mesmo vale para o medo: quando vemos um urso, nós fugimos imediatamente e só depois sentimos medo porque nosso cérebro interpreta a reação de fuga. E, também, o pesquisador de riscos, Peter Sandman, afirma: "Na maioria das vezes, as pessoas não se excitam porque algo é perigoso. É mais comum que as pessoas considerem algo perigoso porque elas se excitam". Assim William James desenvolveu o princípio do "faz de conta". A diretriz que ele deduz disso: "Se você deseja ter determinada característica, aja como se já a tivesse". Em inglês moderno, poderíamos dizer: *Fake it, till you make it!*

Quando criamos a coragem e determinação para abordar certas coisas de um jeito um pouco diferente, estamos constantemente fazendo miniexperimentos. Assim acumulamos novas experiências e descobrimos: o mundo não é tão ruim assim. Nós nos divertimos, vivenciamos coisas novas e desenvolvemos nossa curiosidade, uma característica altamente útil quando a usamos no sentido de um encontro feliz com a vida e não no sentido negativo de uma intromissão na vida dos outros. E podemos iniciar esses miniexperimentos com alegria e prazer, pois ninguém – incluindo nós mesmos – espera que os façamos o tempo todo. "Um experimento pode durar apenas cinco minutos, mas isso basta para nos tirar da nossa rotina", explica Ben Fletcher. Assim criamos espaço para coisas inesperadas. E, com o tempo, aprendemos a lidar com situações que, até então, nos assustavam.

Se permitirmos que sejamos controlados por nossos medos e sentimentos, caímos automaticamente num poço sem fundo. O estresse que sentimos em situações desconhecidas aumenta ainda mais. Uma pessoa que vivencia estresse por causa de seus padrões fixos de pensamento e comportamento e o vivencia naturalmente como algo desagradável, tenta evitar ainda mais situações desconhecidas no futuro, se torna ainda mais inflexível e, no fim, pode acabar numa depressão.

Variar o seu comportamento significa, por sua vez, aumentar sua própria zona de conforto. Você passa a se sentir confortável num número maior de situações. O mundo cresce. Você se livra de hábitos que o impedem de fazer experiências. Você desenvolve mais mecanismos e comportamentos que ajudam você a lidar com dificuldades. Se tudo correr bem, você percebe inovações como oportunidades, não como ameaças. É aquilo que o Dalai Lama chama de "maleabilidade": "Uma moldabilidade física e espiritual com base no fato de que a nossa inércia é diminuída". Os miniexperimentos que podem ser feitos são surpreendentemente simples:

- Ouça música diferente daquela que você costuma ouvir e assista a programas de TV diferentes.
- Leia uma revista diferente – e a leia de forma diferente: comece com o último artigo. Antes de ler, vire a revista de ponta-cabeça. Faça as palavras-cruzadas começando pela última pergunta.
- Descubra outro caminho para ir ao trabalho. Mude o meio de transporte ou vá a pé – percorra um trecho andando de costas.
- Vá ao museu ou participe de um evento cultural.
- Faça suas compras num supermercado que você ainda não conhece. Compre um produto desconhecido, uma marca diferente ou algo com um saber novo.

- Para atividades fáceis, use a "outra" mão – se você for destro, escreva a lista de compras ou abra a porta com a mão esquerda.
- Vista suas calças começando pela perna "errada". Coloque o pé "errado" no primeiro degrau da escada.
- Levante-se com o pé "errado" e sorria!
- Adie a hora de dormir e de acordar por uma hora. Durma com os pés voltados para a cabeceira da cama.
- Tome banho de olhos fechados. Escova os dentes equilibrando-se sobre uma perna.
- Experimente uma comida nova. Cozinhe usando um ingrediente que nunca usou na vida.
- À mesa de jantar, sente-se num lugar diferente. Use louça que não combina. Use talheres de sobremesa em vez de garfo e faca. Mastigue de olhos fechados.
- Sinta o cheiro de cada alimento e ingrediente que você pretende usar para cozinhar.

Tudo isso pode parecer engraçado ou muito simples. E não há nada de errado com isso. "Ninguém disse que é complicado mudar sua personalidade", diz Ben Fletcher. A única coisa que isso exige é: ação! Essa ação pode ser simples. Extremamente simples.

Autoavaliação e percepção seletiva

Em todo caso, flexibilidade e curiosidade fazem bem à psique. No entanto, o programa "Faça algo diferente" não transformará uma pessoa introvertida sistematicamente num sujeito mais sociável, tampouco serve para transformar uma pessoa medrosa num herói destemido. Mas é justamente isso que muitas pessoas querem para si mesmas. De acordo com pesquisas, somente 10% das pessoas estão satisfeitas com as características de sua personalidade. "Em alguns estudos, mais de 90% dos entrevistados afirmam que desejam mudar a sua personalidade – e quase todos querem mudá-la no mesmo sentido", explica Jule Specht. A maioria deseja ser mais extrovertida e mais estável emocionalmente. Afinal de contas, na nossa sociedade as pessoas extrovertidas são mais respeitadas do que as caladas. Elas encontram amigos, parceiros e reconhecimento social com uma facilidade maior. Nas culturas asiáticas tradicionais isso é bem diferente, diz Jens Asendorpf. Na China, por exemplo, um comportamento humilde sempre foi considerado um valor a ser prezado. "A extroversão certamente não era vista como vantagem", acrescenta o psicólogo. Mas isso está mudando, como mostram estudos recentes que comparam Xangai com a região canadense de Ontário. No início da década de 1990, as crianças chinesas avaliavam seus colegas tímidos de forma positiva; no Canadá, os alunos tímidos recebiam uma avaliação negativa. Vinte anos depois, a diferença tinha desaparecido. E também a segunda característica mais desejada, a estabilidade emocional, é altamente valorizada na nossa sociedade de desempenho máximo, pois ela protege contra o estresse, medo e outros estados desagradáveis. Além disso, pessoas emocionalmente estáveis têm relacionamentos mais resistentes e satisfatórios e costumam estar mais satisfeitas consigo mesmas e com a sua vida. Não se estressar facilmente e conseguir se abrir são características atraentes.

O problema é: normalmente, não sabemos exatamente como realmente somos. Temos muitos pontos cegos no que diz respeito à nossa visão de nós mesmos. E uma vez que formamos uma opinião a nosso respeito, negamos obstinadamente todos os indícios que comprovam o contrário. Antes, portanto, de acharmos que precisamos mudar, devemos estar cientes de que as nossas suposições sobre nós mesmos e o mundo podem não corresponder à realidade.

O autor, palestrante e mentor Thomas Koulopoulos, sabe do que estamos falando aqui. Sua tarefa é preparar pessoas para discursos públicos. Seu treinamento inclui sessões na frente da câmera – numa situação a princípio totalmente inofensiva. Ele coloca seis ou mais pessoas numa sala e filma seus discursos. Koulopoulos se lembra vividamente de um de seus clientes. O homem – digamos que seu nome é Arthur – fez um discurso que os outros participantes não consideraram negativo, mas no meio de sua fala, ele se interrompeu e exclamou: "Eu não consigo fazer isso! Quero parar!" Os colegas de Arthur ficaram perplexos. Ele estava indo tão bem, eles lhe disseram. Mas Arthur respondeu: "Vocês só estão querendo me animar. Eu não consigo falar na frente de outras pessoas". Nem a gravação de sua palestra conseguiu mudar sua opinião. Seu discurso era bom. Ele falava com tranquilidade, sua fala era nítida e convincente, seu discurso era coerente, não havia nada de errado. "Mas ele foi implacável", conta Koulopoulos. Arthur insistiu que não tinha nenhum talento para falar em público. Koulopoulos não pôde ajudar.

Para Koulopoulos, esse caso é prova daquilo que ele constata repetidamente no trabalho com seus clientes: "É fascinante ver como nós distorcemos a realidade para que ela se adeque às nossas crenças, mesmo quando a verdade está bem na frente dos nossos olhos". Como uma pessoa com anorexia que, a despeito dos seus 40 quilos, ainda se acha gorda demais, nós nos olhamos num espelho distorcido por nossas expectativas, atitudes e opiniões e no qual, por causa disso, não conseguimos enxergar a realidade sobre nós mesmos. Sem quaisquer escrúpulos, ignoramos totalmente todos aqueles eventos que nos mostrariam o contrário – se os percebêssemos. Em vez disso, limitamos nosso foco àquelas informações que confirmam a nossa opinião – ou adaptamos a nossa interpretação dessas informações até ela concordar com a nossa visão. A única coisa que importa é que a nossa avaliação seja confirmada.

Fazemos isso não só na avaliação posterior de importantes decisões de vida – e escolha do nosso parceiro de vida ou a mudança para determinada cidade. Fazemos isso também com as nossas crenças sobre nós mesmos e até mesmo quando se trata de coisas banais, ou seja, quando o ponto em questão são decisões totalmente irrelevantes para a nossa vida e que tomamos instintivamente. A decisão, por exemplo, sobre a média que pode ser calculada a partir de um conjunto de números. O grupo de trabalho liderado por Tobias Donner, do instituto de neurofisiologia e patofisiologia da clínica da Universidade de Hamburg-Eppendorf, demonstrou isso com experimentos surpreendentes.

No primeiro experimento, os cientistas encorajaram suas cobaias a formarem uma opinião sobre a pergunta: "A média dos oito números que você verá em seguida na tela do seu computador é menor ou maior do que 50?" Depois de informar sua opinião, eles receberam outro conjunto de oito números e tiveram que informar a média de todos os 16 números. O resultado: os participantes permaneceram fiéis à sua avaliação, escolhendo principalmente aquelas informações que confirmavam sua opinião original. Se, depois dos primeiros oito números, tinham escolhido "maior do que 50", no fim, sua avaliação era maior do que o resultado correto; se tinham escolhido "menor do que 50", sua avaliação era menor do que o resultado correto. Outros entrevistados, que recebiam todos os 16 números de uma só vez, alcançavam um resultado muito mais preciso.

Um segundo experimento com estímulos visuais mostrou um padrão semelhante. Dessa vez, os participantes deveriam determinar se uma nuvem de pontos numa tela em meio a muitos outros pontos cintilantes girava em sentido horário ou anti-horário. Quando tinham chegado a uma conclusão, após um primeiro vídeo, eles tendiam a manter sua opinião após assistirem a um segundo vídeo. "Achamos isso realmente notável", diz Tobias Donner. Apesar de já sabermos que o ser humano lida com informações de forma seletiva, os cientistas acreditavam que, quando confrontados com valores médios e pontos numa tela, "os participantes seriam mais neutros em sua avaliação" e mais dispostos a reconsiderar a sua decisão original. Por isso, Donner conclui que existe um mecanismo profundo que subjaz à nossa ignorância, que tendemos à percepção seletiva por natureza.

Se, portanto, quisermos mudar, o seguinte deveria ser a nossa primeira tarefa: questionar se o modo como nós avaliamos a nós mesmos e o mundo é correto, pois muitas vezes só procuramos indícios que confirmam a nossa opinião. Ou provocamos reações com o comportamento por nós escolhido que solidifica a imagem que temos a nosso respeito. Na verdade, poderíamos também abalá-la. Só podemos fazer uma coisa para corrigir o espelho distorcido: precisamos sair para o mundo e fazer experiências. Devemos ser abertos para as coisas que o mundo nos mostra. E devemos nos concentrar nos nossos pontos fortes, naquilo que funciona.

Harmonizar motivação interior e objetivos

Somos igualmente vacilantes quando se trata daquilo que realmente queremos mudar. E o que queremos que permaneça como está? O que preciso mudar para que eu me sinta melhor? Quando não se trata de projetos concretos como perder peso ou reduzir o estresse, estamos falando de algo que não pode ser determinado facilmente. Muitas vezes, desejos vindos de fora se sobrepõem aos nossos – e nós nem nos damos conta disso. Talvez consideremos correto e lógico desejar uma posição de liderança ou passar as férias na Nova Zelândia. Mas será que a posição de liderança na empresa é realmente tão atraente para mim como pessoa e para a minha vida? Eu realmente quero fazer uma viagem tão longa ou será que quero fazê-la apenas porque todos os meus amigos também viajam para o outro lado do mundo, mas, na verdade, eu nem estou procurando uma aventura?

Muitas vezes, os nossos desejos não têm sua origem em nós mesmos, mas são formados pelo nosso círculo de amigos, pela casa paterna ou por normas sociais, explica o psicólogo Oliver Schultheiss, da Universidade de Erlangen-Nürnberg, que, há muitos anos, pesquisa no campo da motivação. E muitas vezes, esses desejos se opõem às necessidades internas. O que vem de fora? O que vem realmente de dentro de mim? "Para muitas pessoas, isso é praticamente indistinguível", diz Schultheiss. E também o psicólogo Sam Sommers sabe: raramente verificamos de onde vem a nossa convicção de quem somos e daquilo que queremos. "Normalmente, tomamos essas informações como certas."

Quando fazemos constantemente coisas que se reduzem a mera obrigação ou que só agradam aos pais ou ao parceiro, isso não é nada saudável. Correr atrás de objetivos que são praticamente o oposto dos nossos projetos "xodó" nos deixa insatisfeito e pode até provocar sintomas depressivos, alerta Oliver Schultheiss. Portanto, seria bom se as pessoas conhecessem a sua motivação interior e escolhessem objetivos que harmonizem com ela. Mas não é o que acontece.

Por meio de estudos, Schultheiss tenta conscientizar as pessoas dessa incongruência – e apoiá-las na sua tentativa de harmonizar os objetivos que elas tentam realizar diariamente na profissão e na vida particular com suas necessidades internas mais profundas, com a sua motivação implícita. No entanto, ele não ousa fazer o contrário, ou seja, fazer com que as pessoas desistam de seus objetivos externos quando estes estão em conflito com sua motivação interior. No contexto de estudos não terapêuticos isso não pode ser justificado por razões éticas, afirma o psicólogo. Quem consegue prever os danos que isso pode causar na vida de uma pessoa? Fato é que nem tudo na vida é prazeroso. Existem várias exigências externas que não podem ser negadas – não no trabalho se você não quiser perder o emprego, tampouco em casa quando você decidiu criar filhos, ter um cachorro ou comprar a casa com jardim sob os olhares de vizinhos invejosos. É preciso chegar a um acordo entre suas necessidades profundas, seus objetivos e as pressões externas – estas só não podem predominar. Por isso, Schultheiss e seus colegas desenvolveram exercícios para adaptar a sua motivação interior aos objetivos dados sem a necessidade de se distorcer. Ele testou a eficácia disso num estudo. Ele dividiu 74 alunos em três grupos. O primeiro grupo simplesmente recebia um *feedback* motivador para que cumprisse as tarefas que, na verdade, não era de seu interesse. O segundo grupo recebeu um treinamento para alcançar uma harmonia maior com os seus objetivos, e o terceiro grupo continuou fazendo seus trabalhos sem qualquer interferência.

O treinamento recorreu à seguinte estratégia: se meu objetivo é cortar a grama porque isso é importante para o clima social na vizinhança, mas eu, como sujeito extremamente sociável, odeio ficar empurrando uma máquina barulhenta sem qualquer companhia, talvez eu consiga fazer isso com uma facilidade maior se eu combinar essa atividade com minhas necessidades mais profundas chamando um amigo para cortar a grama comigo e prometendo que eu o ajudarei a fazer o mesmo no seu jardim na semana seguinte. Isso funciona ainda melhor se, antes, eu me conscientizar da razão pela qual a grama cortada também pode ser importante para mim; depois, eu me sentirei bem porque os vizinhos ficarão contentes e eu poderei conversar com eles numa atmosfera relaxada, porque posso fazer uma festa na minha grama cortada ou porque posso jogar futebol no meu jardim. O que também ajuda é me conscientizar da minha motivação interior, isto é, da minha sociabilidade. Posso, por exemplo, me lembrar de uma conversa profunda com esse amigo ou de uma noite divertida com ele.

Depois de nove semanas de treinamento, a discrepância dentre motivação e objetivos entre os alunos do estudo de Schultheiss tinha diminuído consideravelmente. Os jovens se sentiam mais à vontade e apresentavam menos sintomas depressivos. A pesquisadora e psicóloga do desenvolvimento, Ursula Staudinger, oferece ainda outra dica: muitas vezes, percebemos as coisas que fazem parte da nossa vida como coerção, mesmo tendo decidido em algum momento no passado querer viver desse modo e mesmo não querendo abrir mão dessas coisas. A casinha com jardim e seu cortador de grama, por exemplo. "Deveríamos nos conscientizar dos nossos próprios padrões de interpretação e pensamentos", diz Staudinger. Se constatarmos que nos sentimos dominados por essas coisas, podemos tentar lembrar, com a ajuda de bilhetes presos ao espelho, que somos nós que decidimos como queremos ver o mundo. Podemos reformular afirmações, podemos, por exemplo, transformar "Preciso cortar a grama" em "Decido cortar a grama". "Trata-se de uma mudança de perspectiva que pode ser treinada", explica a professora da Columbia University, em Nova York.

O pediatra e conselheiro de pais, Remo Largo, conta em seu livro mais recente *Das passende Leben* [A vida apropriada] a história de um amigo seu que é advogado. Largo afirma que o homem é extremamente infeliz em sua profissão, mas ele tem um *hobby* que ele ama: a olaria. Visto, porém, que ele não consegue ganhar o sustento necessário com a olaria, ele chegou a um meio-termo: durante o dia, ele encara o tormento dos processos, escreve seus discursos de defesa, mas à noite seus dedos deslizam sobre a argila. "Muitas pessoas são obrigadas a fazer esses acordos consigo mesmas", afirma Largo.

No entanto, naturalmente você também pode chegar à conclusão de que não quer mais fazer esse tipo de acordos. Você pode questionar seus objetivos de forma fundamental. E você pode decidir que quer desistir de um objetivo e seguir um caminho novo, em vez de desenvolver a sua motivação ou mudar a sua perspectiva. O medo de constatar no fim da vida que você não viveu a sua própria vida, mas só cumpriu as expectativas dos outros não surge do nada. É um grande equívoco acreditar que, em algum momento, o mundo mostrará a uma pessoa o seu sentido, diz o autor e psicoterapeuta berlinense Jan Kalbitzer. "Eu devo determinar isso pessoalmente". Cada pessoa pode dar um significado às coisas em sua vida que mais ninguém vê nelas. Se você não sabe o que é futebol, você pode achar extremamente estúpido o que acontece em campo. "Mas já que existem pessoas que decidiram que aquilo não é estúpido, mas maravilhoso, é isso que o futebol é para elas", explica Kalbitzer. "Eu posso levar uma vida em que só me sinto desesperado porque não dou sentido a nada – ou posso dar um sentido às coisas na minha vida e levar uma vida maravilhosa."

Treinamento para o si-mesmo

Se você quiser saber o que realmente precisa, você pode recorrer à ajuda de suas experiências. Ao longo da vida, se evidencia cada vez mais o que realmente corresponde a você. Afinal de contas, você já passou por muitas situações e reconheceu que muitas delas não lhe agradam. Por isso é importante avaliar: em quais situações da vida eu fui feliz – e em quais eu me senti infeliz? "Então você começa a perceber por que você se sentiu assim", explica Remo Largo, "o que combinou e o que não combinou. E então você pode tirar suas conclusões disso". Por isso, o desenvolvimento da personalidade, a individuação tem muito a ver com decisões. No fim, elas pesam mais do que a genética, a casa paterna, o ambiente e a cultura. "Em certa medida, nós sempre moldamos também a nós mesmos", diz Brian Little.

Muito acontece inconscientemente, é claro. A mudança de personalidade, por exemplo, pela qual passam os jovens quando se mudam para o exterior por algum tempo. "O que acontece não é que essas pessoas no exterior acordam um dia e pensam: 'Acho que seria uma boa ideia eu me abrir um pouco mais para experiências novas, amanhã vou começar com isso'", explica Jule Specht. Quando você está no exterior, automaticamente você conhece pessoas diferentes e se mete em situações que, talvez, você não vivenciaria dessa forma em seu país de origem. E então você descobre que esses novos mundos de experiência são excitantes e enriquecedores e que você é recompensado quando se abre para eles – porque você aprende algo, porque recebe reconhecimento, porque se diverte. Assim você se abre para a próxima experiência nova.

Permanece a pergunta: é possível tomar a decisão consciente de mudar a sua personalidade? Tudo indica que sim. Agora que os psicólogos da personalidade tiveram que desistir da tese antiquada de que o caráter do ser humano estaria completamente formado aos 30 anos de idade, outro dogma começa a ser questionado. Diferentemente daquilo que a ciência tem acreditado por muito tempo, realmente parece ser possível tornar-se uma personalidade diferente por meio de vontade e treinamento. Nós podemos mudar conscientemente em determinada direção – se realmente quisermos. A base para isso é a aplicação das características livres propagadas por Brian Little. O segredo do sucesso é opor-se continuamente às suas tendências naturais e se apresentar de forma diferente. Com o tempo, o nosso comportamento incomum terá um efeito sobre o nosso espírito e, portanto, sobre a nossa personalidade. "Isso significa que o si-mesmo pode ser treinado como um músculo – ou se ele não for treinado, ele pode enfraquecer e atrofiar", diz o professor de Psicologia Sam Sommers. Jule Specht também acredita: "Você pode mudar o seu caráter intencionalmente fazendo experiências novas".

Ursula Staudinger acredita até que as mudanças na personalidade em termos de uma compatibilidade maior e de um neuroticismo menor, pelas quais todas as pessoas parecem passar ao longo de sua vida (cf. *O amadurecimento da personalidade*, p. 67), nem são processos de amadurecimento automáticos, mas o resultado de um trabalho árduo, pois todas as pessoas fazem experiências em sua vida e assim aprendem que algumas das suas condutas não são tão apropriadas, que, às vezes, é melhor reagir com calma quando vivenciam algum conflito com os colegas de trabalho. Ou elas se cansam de sair correndo e gritando de uma sala por causa de uma aranha e aprendem a conviver em paz com esses animais tão úteis. Ou seja, as pessoas começam a sistematicamente fazer coisas que, na juventude, teriam feito de modo diferente, porque aprenderam que é importante se desenvolver, que, com os comportamentos praticados até então, não avançam e que, talvez, seria bom mudar um pouco. Ursula Staudinger chama isso de "o caminho da sabedoria" – em oposição ao "caminho do bem-estar" mais cômodo, no qual as pessoas não só não se esforçam e assim preservam o mesmo caráter por mais tempo. Um exemplo: quando você decide deixar de ter medo de aranhas, você pode começar com uma pequenina, colocá-la na mão e levar para o jardim. Pouco tempo depois, você consegue fazer isso com uma aranha maior. "Quando uma pessoa medrosa é bem-sucedida numa situação que, até então, sempre despertou medo nela, isso diminuirá seu medo em longo prazo", diz Jule Specht. As experiências apagam os medos antigos ou oferecem novos prazeres.

Algo semelhante acontece com a introversão, da qual tantos gostariam de se livrar e que, muitas vezes, nada mais é do que um medo social. Por isso, como já no caso do medo de aranhas, você pode começar com um desafio pequeno, com encontros pequenos. Esse treinamento, porém, só é necessário para pessoas verdadeiramente tímidas; timidez é mais do que mera introversão, como explica o psicólogo Nick Haslam. Nas pessoas tímidas ocorre, além da introversão, também um elemento neurótico e emocionalmente instável, o medo do encontro. Os introvertidos estáveis, porém, que se voltam para dentro com convicção e entusiasmo, não precisam de treinamento: eles simplesmente gostam de estar sozinhos.

Não existe nenhuma obrigação aqui

Está na hora de fazer uma interjeição: naturalmente, ambos os caminhos são legítimos, tanto o caminho da sabedoria quanto o caminho do bem-estar! Uma pessoa que se sente bem do jeito que é, pode dizer a si mesma sem nenhum peso na consciência: Continue assim, deixe tudo como está. "Se eu me sinto bem, não existe motivo para mudar algo", ressalta Ursula Staudinger. "Nem mesmo quando preciso fazer um esforço considerável para preservar o meu bem-estar em meio às exigências do dia a dia e da vida. Por que visar a algo que vá além disso? Tendências de persistência têm sua própria lógica saudável." Mas, quando o sofrimento é grande demais ou quando chamam o prazer e a curiosidade, surge a chance de mudanças.

E isto também precisa ser dito: características de personalidade em si não são fraquezas. Ninguém é 100% introvertido ou 100% extrovertido. Nós nos movimentamos em algum lugar entre os dois polos, uma pessoa se aproxima mais deste, a outra, mais daquele polo, e nenhum dos dois extremos precisa ser considerado positivo ou negativo. Cada característica pode ser vantajosa em algum momento da vida. "Por isso, o primeiro passo deveria sempre ser valorizar a si mesmo e reconhecer que é bom ser do jeito que sou, porque a personalidade possui também aspectos positivos, mesmo que não estejamos cientes deles neste momento", explica Jule Specht.

No entanto, é verdade também que muitas pessoas sofrem por sempre reagirem da mesma forma a determinada situação. E elas querem poder controlar isso melhor. Os introvertidos podem, contanto que desejem isso, superar sua interação excessivamente cautelosa com outras pessoas. Quando se dirigem a outras pessoas e vivenciam que estas reagem de forma positiva, isso pode encorajá-los. "Você se sente confirmado e percebe que não precisa ser tão cauteloso. Assim você aprende a adotar isso no seu dia a dia."

Infelizmente, a introversão se transforma rapidamente num ciclo vicioso. Para os introvertidos, é realmente muito difícil superar seu temor, pois normalmente se consideram menos atraentes do que são e têm dificuldades de reconhecer os sinais positivos dos outros. Muitas vezes, subestimamos o afeto que as pessoas demonstram por nós. Isso vale também para os extrovertidos, como demonstraram os cientistas das Universidades de Cornell, da Harvard e de Essex num experimento de encontros rápidos. Mas quanto mais tímida é uma pessoa, maior é o perigo de ela não perceber as expressões de simpatia de seu interlocutor.

Em seu experimento, os cientistas convidaram pessoas que não se conheciam a conversar umas com as outras por cinco minutos e a avaliar posteriormente o grau de simpatia que sentiram pelo outro e se gostariam de conhecê-lo melhor. Além disso, os participantes deviam adivinhar o que o outro diria sobre eles. O resultado: Os interlocutores acreditavam que seu efeito sobre o outro tinha sido pior do que realmente era. Quase sempre acreditavam que o outro tinha gostado menos deles do que realmente era o caso. Terceiros que não tinham participado dos encontros rápidos, quando assistiam às gravações dos encontros, identificavam perfeitamente quem gostava de quem. Ou seja, os interlocutores transmitiam sinais suficientes de seu afeto. Aparentemente, porém, as pessoas eram críticas demais consigo mesmas. "Por motivos de autoproteção, somos pessimistas e não queremos supor que os outros gostem de nós antes de termos certeza de que isso realmente é verdade", explica Margaret Clark, uma das cientistas. Principalmente os introvertidos subestimam o seu efeito sobre os outros – talvez seja este o motivo de sua timidez. Se tivessem uma visão mais realista de seu efeito sobre os outros, isso poderia ser um incentivo para interagir mais com outras pessoas.

A ilusão do fim

Falta de incentivos – esta poderia ser a razão pela qual costumamos permanecer em modos de comportamento familiares e estruturas antigas. Se valesse mais a pena, as pessoas mudariam muito mais ao longo de sua vida – essa é a convicção de Ursula Staudinger. Muitas vezes, continuamos sendo quem somos porque é confortável ou porque temos medo de testar algo novo. Esse novo poderia ser pior do que aquilo com o qual estamos habituados. E já que fazemos poucos experimentos, nós não percebemos como uma mudança em nosso comportamento, em nosso pensamento e em nossas reações nos faria bem. Por isso, a sociedade deveria tornar a mudança mais atraente, acredita Staudinger. Principalmente para os mais velhos, "existem poucos incentivos para se desenvolver", lamenta ela. A pesquisadora e psicóloga de desenvolvimento acredita: se incentivarmos o indivíduo na segunda metade de vida a se ocupar com coisas novas na profissão e na sociedade e lhe transmitirmos as habilidades necessárias, os futuros pesquisadores encontrarão um desenvolvimento muito maior da personalidade também em pessoas que já passaram da juventude.

A própria Staudinger demonstrou em estudos com pessoas acima de 60 anos de idade que participaram de um programa do Ministério de Assistência Social da Alemanha o quanto a personalidade pode ser moldada. Tratava-se de assumir um voluntariado. Os participantes foram instruídos três vezes por três dias. Eles aprenderam a refletir sobre si mesmos e a ocupar-se com a sua nova identidade que em seu papel como voluntário lhes ofereceria. Ou seja, os participantes foram encorajados a refletir sobre si mesmos, a reconhecer suas fraquezas e suas qualidades e a se concentrar em suas expectativas. No final do treinamento e ainda um ano depois, a personalidade dos aposentados tinha crescido notavelmente no que dizia respeito à sua abertura.

No entanto, abrir-se para mudanças pode ser treinado também em casa. Uma maneira inspirada em Fletcher, Pine e Little é romper conscientemente com velhos hábitos e seguir um caminho diferente. Talvez até seja possível fazer isso com exercícios muito simples – interagindo, por exemplo, com algo inesperado numa folha de jornal. O psicólogo Joshua Jackson, da Washington University em St. Louis, pediu a pessoas já idosas que resolvessem diariamente tarefas cognitivas na forma de palavras-cruzadas e *sudokus*. Isso também mudou sua abertura para novas experiências.

O importante para o desenvolvimento são tarefas novas e incentivos para cumpri-las – e, é claro, a disponibilidade das competências necessárias para cumprir tais tarefas. As pessoas precisam da convicção da autoeficácia, da convicção do controle interno – ou seja, a sensação de estarem no controle de seu destino e de não se sentirem vítimas das novas exigências.

Existe, porém, um problema: quando uma pessoa se agarra à crença do "É assim que sou, e ponto final", ela não acredita no poder da mudança. As possibilidades de um desenvolvimento se aproximam de zero quando ela acredita que é do jeito que é e que permanecerá assim por toda a eternidade. Às vezes, a pessoa até percebe que ela mudou ao longo dos últimos anos. Mesmo assim, não conseguem imaginar que isso aconteça no futuro. Jordi Quoidbach, professor de Comportamento Organizacional na Esade Business School em Barcelona, descobriu isso num experimento divertido. Ele pediu que 19.000 pessoas preenchessem um teste de personalidade. Depois pediu que metade dos entrevistados se colocasse na posição da pessoa que havia sido dez anos atrás. A outra metade deveria imaginar quem seria daqui a dez anos. Assumindo esse ponto de vista, os entrevistados preencheram o teste de personalidade mais uma vez. O resultado foi até engraçado: não importava a idade dos entrevistados – suas respostas sempre revelavam mudanças nítidas que tinham ocorrido nos últimos dez anos. Mas desenvolvimentos nos próximos dez anos? A maioria não acreditava que isso ocorreria. Acreditavam que continuariam sendo as pessoas que eram hoje, como revelaram as respostas da maioria. Jordi Quoidbach chamou isso de "a ilusão do fim da história".

No entanto, seria vantajoso se fôssemos mais abertos ao imaginar o nosso eu futuro, afirma Quoidbach. Caso contrário, impedimos nosso próprio desenvolvimento. E podemos até errar feio. Num segundo experimento, ele perguntou à metade dos entrevistados qual havia sido sua banda favorita dez anos atrás e quanto dinheiro estariam dispostos a pagar hoje por um show dessa banda.

Os outros entrevistados, por sua vez, deveriam informar qual era sua banda favorita atual e quanto eles estariam dispostos a pagar por um show dessa banda em dez anos. Não importava a idade dos entrevistados: em média, estavam dispostos a pagar uma quantia consideravelmente mais alta pelo show em dez anos do que realmente estavam dispostos a pagar pela música de sua antiga banda favorita. Para a visão da própria personalidade vale algo semelhante, afirma o psicólogo de desenvolvimento Werner Greve, de Hildesheim: "Em retrospectiva, constatamos que mudamos mais do que havíamos esperado".

Mudança por meio de desafios

Quanta mudança, porém, podemos alcançar intencionalmente? Nathan Hudson, da Southern Methodist University em Dallas, se ocupa com essa pergunta há muitos anos. E como já Brian Little, ele constata: "As pessoas parecem ser capazes de mudar as características de sua personalidade quando são motivadas e quando participam de programa que as apoiam nisso". O objetivo de Hudson é desenvolver programas desse tipo. Ele acaba de publicar outro estudo que chamou atenção e que exige uma porção considerável de abertura para o inesperado de todos aqueles que ainda acreditam na estabilidade da personalidade. Hudson apresentou ao mundo a primeira grande surpresa em 2015. Na época, ele desenvolveu um estudo duplo com uns 300 alunos ao todo para descobrir se uma mudança intencional da personalidade é possível. Ele dividiu os alunos em vários grupos. A 131 deles, ele perguntou em que medida eles queriam mudar sua personalidade e pediu que apresentassem um "Change Plan", um plano de mudança. Se eles conseguiam realizar o seu plano foi verificado com 16 testes de personalidade semanais. Ele pôde constatar que a personalidade dos alunos realmente estava mudando na direção desejada. No entanto, não adiantava nada se os alunos só descreviam vagamente como queriam alcançar o seu objetivo – ser mais "sociável", por exemplo, quando queriam ser mais extrovertidos. Eles precisavam ser mais concretos. Eles precisavam desenvolver planos muito específicos ("Perguntar para a Julie se ela quer tomar um café comigo na tarde da quinta-feira") e deviam fazer reflexões do tipo "Se... então...". Por exemplo: Se eu me irritar com algo que meu companheiro disser, então eu lhe direi como eu me sinto com aquilo". Essa estratégia aumentou consideravelmente o sucesso do programa. No entanto, em geral as mudanças não eram gigantescas. "No entanto, ninguém esperaria mudanças dramáticas na personalidade num período tão curto", justifica Hudson.

No meio-tempo, Hudson desenvolveu um programa de mudanças completo, que ele já testou com 377 alunos de Psicologia. Durante 15 semanas, os alunos participaram do programa. A maioria deles queria ser mais extrovertida ou emocionalmente estável. O aspecto menos atraente para eles era tornar-se mais amável. A cada semana, eles escolhiam quatro desafios de uma lista de 50 *challenges*, que lhes ajudariam a alcançar seus objetivos. E a cada semana, preenchiam um teste de personalidade.

Os desafios consistiam em tarefas muito concretas – e eram divididas segundo seu grau de dificuldade. Os alunos que queriam ser mais extrovertidos e que, a princípio, queriam tentar isso com uma tarefa mais fácil, podiam, por exemplo, escolher o desafio de dizer "Alô" à funcionária do caixa de um supermercado. Um desafio maior para a extroversão era pagar o café para uma pessoa na fila ou, para os mais ousados ainda, se oferecer como líder num projeto profissional ou numa atividade no tempo livre de algum grupo, como planejar uma excursão, por exemplo.

Os alunos que queriam aumentar sua abertura com certa cautela recebiam a tarefa de ler um artigo de jornal sobre um país desconhecido. Uma tarefa mais difícil era encontrar uma pessoa que tinha uma opinião diferente sobre algum tema e então fazer perguntas a essa pessoa para entender melhor a perspectiva dela. No final de cada semana, os alunos deveriam informar se tinham alcançado essa mudança. Um aluno bem-sucedido recebia um *feedback* positivo e uma tarefa mais desafiadora para a semana seguinte.

Quanto mais desafios um aluno vencia, mais sua personalidade mudava – e na direção desejada. Ou seja, se seu objetivo era aumentar sua confiabilidade, o aluno se tornava mais confiável. O grau de dificuldade dos desafios se revelou como nem sendo tão importante. Aparentemente, padrões e pensamentos – isto é, a personalidade – mudam tanto que, provavelmente, o cérebro desenvolve novos caminhos. "Existem cada vez mais indícios que mostram que as células nervosas no cérebro se reorganizam", diz Brian Little. Por isso, é possível que as mudanças nos mecanismos neuronais subjacentes à personalidade sejam reorganizadas. Inicia-se assim um ciclo positivo: os objetos provocam mudanças no comportamento; o comportamento alterado influencia o conceito do si-mesmo; o conceito do si-mesmo alterado, por sua vez, provoca outras mudanças no comportamento. E assim em diante. No fim do experimento, desapareceu até o desejo de querer mudar. Os alunos estavam satisfeitos.

É claro, esses são apenas os primeiros resultados de um novo e excitante ramo de pesquisas. E os estudos precisam melhorar para fornecer resultados mais confiáveis. Nos estudos de Hudson, por exemplo, os alunos só informam sobre si mesmos. É possível que eles relatem mudanças porque eles mesmos as esperam ou porque se sentem obrigados a fazer isso. Será que terceiros também perceberiam essas mudanças em seu comportamento? E será que são duradouras? "Nós não sabemos", admite Brian Little, que acompanha o trabalho de Hudson com grande interesse. Mas uma coisa já é convincente: a satisfação dos participantes no final do programa. Só por isso já vale a pena testar a variabilidade do comportamento para ver como você se sente ao fazer isso.

E aqui estão os desafios para imitá-los:

Dimensão da personalidade	Grau de dificuldade	Desafio
Extroversão	1	Diga "oi" para um vendedor numa loja.
	2	Pergunte a um vendedor numa loja como as coisas estão indo.
	3	Apresente-se a uma pessoa desconhecida.
	4	Faça uma lista dos pensamentos e das opiniões que você nunca compartilhou com um terceiro. Compartilhe pelo menos um desses pensamentos com um amigo.
	5	Marque um encontro com uma pessoa com a qual você ainda não teve nenhum contato e faça pelo menos duas perguntas sobre essa pessoa. Por exemplo: "O que você estuda/onde você trabalha?" Não se sinta pressionado a fazer outras perguntas.
	6	Abra-se e fale a um amigo próximo dos seus sonhos e esperanças para o futuro. Pergunte quais são os sonhos/esperanças dele.
	7	Convide um colega ou um vizinho para tomar um café com você. Não se preocupe se ele disser que não tem tempo.
	7	Abra-se e fale com um amigo próximo sobre um problema que você está tendo neste momento.
	8	Planeje um evento com amigos (por exemplo, jogos, uma noite de filmes, um jantar). Conheça uma pessoa nova e a convide para o evento.
	9	Assuma voluntariamente uma função de liderança – num projeto, num evento social.
Amabilidade	1	Sorria para alguém que você não conhece.
	2	Anote algo legal que alguém fez para você.
	3	Anote as qualidades das pessoas que você ama.
	4	Pague o café para alguém que está na fila.
	5	Pense em alguém de quem você não gosta e concentre-se por cinco minutos em suas características positivas.
	6	Faça um elogio sobre a personalidade de alguém (não sobre sua aparência!), explicando o que você gosta nele.
	7	Quando alguém o irrita, naquele momento, durante pelo menos 30 segundos, reflita sobre as qualidades daquela pessoa, não sobre suas características negativas.

	8	Quando você não concorda com a opinião de alguém, tente honestamente assumir a perspectiva dele e entender por que ele sente o que sente.
	8	Quando você briga com alguém, diga ao outro que você sente muito por isso, mesmo que o outro não diga o mesmo.
	9	Decida perdoar algo a alguém, algo que o machucou no passado, sempre que pensar naquilo que aconteceu. Simplesmente diga a si mesmo: "Eu decidi perdoar essa pessoa; ela não me deve mais nada".
	10	Quando alguém irrita você, passe 30 segundos refletindo sobre as circunstâncias que provocaram o comportamento dele.
Conscienciosidade	1	Guarde seu celular num bolso quando você se encontrar com alguém e não verifique as mensagens durante o encontro.
	2	Comece a se preparar dez minutos antes para um compromisso.
	3	Revise um e-mail com cuidado antes de enviá-lo.
	3	Escolha as roupas para o dia seguinte já na noite anterior.
	4	Pague uma conta assim que a receber.
	5	Faça uma lista de afazeres para o dia seguinte antes de dormir.
	6	Anote em seu calendário lembretes para eventos futuros.
	6	Reserve 30 minutos para uma atividade produtiva (arrumar o apartamento, estudar...) sem desviar sua atenção. Desligue seu celular e não navegue pela internet, não assista TV. Concentre-se exclusivamente na atividade.
	7	Quando perceber que está desistindo no meio de uma tarefa, faça uma pausa de alguns minutos para aliviar a cabeça (faça uma curta caminhada, por exemplo). Mas depois você retoma a tarefa e a termina.
	8	Planeje horários fixos de dormir e vá para a cama todos os dias nesse horário, levante-se todos os dias naquele horário.
	9	Pense em uma tarefa específica que você precisa fazer. Resolva-a, mas resolva-a melhor do que faria normalmente.

Dimensão da personalidade	Grau de dificuldade	Desafio
	10	Pense numa tarefa que você cumpriu recentemente, mas que você poderia ter feito melhor. Faça essa tarefa mais uma vez e, dessa vez, seja mais dedicado.
Estabilidade emocional	1	Ao acordar, diga para si mesmo em voz alta: "Quero ser feliz hoje".
	2	Quando sentir que você não dá conta, respire fundo algumas vezes.
	3	Ao longo do dia, reserve 30 minutos para fazer algo que lhe dá prazer.
	4	Quando você se preocupa com algo que poderia acontecer, tire pelo menos dois minutos para imaginar qual seria o melhor desdobramento daquela situação.
	5	Gaste pelo menos cinco minutos pensando em todas as coisas boas em sua vida. Sempre existem coisas positivas, mesmo que pareçam ser algo normal e natural (por exemplo, ar limpo, luz do sol, amigos).
	6	Passe pelo menos cinco minutos pensando em seus pontos fortes. Todos têm pontos fortes e qualidades!
	7	Faça uma lista com três coisas divertidas que você gostaria de fazer. Realize uma dessas coisas.
	8	Quando tiver um pensamento negativo, anote-o. Passe pelo menos dois minutos anotando todos os fatos que contrariam esse pensamento negativo (por exemplo: "Sinto que ninguém gosta de mim. Mas isso não é verdade, porque eu não sei o que os outros sentem e certamente existem alguns conhecidos, professores ou parentes que realmente gostam de mim").
	9	Pense em alguém que o machucou no passado e decida perdoá-lo.
Abertura	2	Leia um artigo de jornal sobre um país desconhecido ou sobre descobertas científicas.
	3	Num restaurante de sua preferência, peça uma entrada que nunca comeu antes.
	3	Leia um artigo de jornal com uma opinião política diferente da sua.
	4	Anote uma pergunta sobre algo no seu dia a dia cuja resposta você não conhece (por exemplo: "Quantas calorias a menos tem um copo de leite desnatado em comparação com um copo de leite integral?")

	5	Visite uma região de sua cidade em que você nunca esteve, ou visite um museu na sua cidade.
	6	Quando você descobrir algo bonito (na natureza, num museu) diga isso a alguém que esteja por perto, seja ele um conhecido ou um estranho.
	7	Ouça uma música da qual você não gosta. Reserve alguns momentos para refletir sobre as características positivas da música.
	8	Ache um amigo ou conhecido de outra cultura e faça perguntas sobre sua cultura. Tente entendê-lo melhor.
	9	Pense em sua opinião sobre um tema controverso. Reserve pelo menos cinco minutos para refletir sobre a razão pela qual outras pessoas que defendem a opinião contrária poderiam estar certas.

Contar com rejeição

Mas, atenção! Quando um aluno aceitava um desafio, mas não o vencia, ele se desenvolvia na direção oposta nos experimentos de Hudson. Por isso, não exija demais de si mesmo, alerta o psicólogo. É importante definir objetivos realistas, pois o fracasso aumenta a frustração e a autoeficácia diminui. Além disso, as nossas crenças negativas se solidificam. Um aluno que pretendia se apresentar a um estranho, mas não conseguiu cumprir essa tarefa por falta de coragem, depois passava a se ver como ainda mais introvertido. "É possível que as pessoas fiquem tão desencorajadas que sua personalidade se revele numa luz ainda mais forte", diz Nathan Hudson. "Não basta desejar mudanças e fazer planos. É preciso realizá-los." Como medida de segurança, os desafios sempre vêm acompanhados do conselho: "Don't worry", não se preocupe se aquele com quem você interage não retribuir o seu gesto. Não importa se ninguém na fila do Starbucks quiser que você pague o café dele. Quem importa é você. É você que está descobrindo o escopo de comportamentos diferentes que estão à sua disposição.

Além dessa estratégia cognitiva ("Tranquilo, não fique nervoso"), existem outros truques para lidar com experiências negativas. Um pensamento corajoso pode ser: conte com o fracasso. Você pode até provocar o fracasso para se acostumar com essa sensação terrível. Foi o que fez Jason Comely num autoexperimento. O *web-designer* canadense tinha se cansado de seu medo. Ele se achava muito tímido – e após décadas de uma vida inibida neste planeta, pouco tempo depois de completar 40 anos de idade, ele descobriu o porquê disso tudo: ele não gostava de ter contato com as pessoas porque temia ser rejeitado. Seu grande medo era a reação negativa das pessoas. Isso limitava tanto a sua vida que, certo dia, ele decidiu se livrar de seu medo. E ele foi fundo. Comely optou por uma terapia de confronto radical: ele praticamente buscou a rejeição, cada dia. No início, perguntou a um estranho que estava entrando em seu carro se ele poderia levá-lo até determinado ponto. Mais tarde, pediu a vendedores que lhe vendessem as coisas que ele queria por um preço melhor e convidou mulheres totalmente desconhecidas para sair com ele. Sua surpresa foi grande: quanto mais ele suportava a rejeição dos estranhos irritados e quanto mais ele contava com ela, em vista de seus pedidos incomuns, menos a rejeição doía. Isso o tornou cada vez mais corajoso. E ele fez mais uma descoberta: quanto maior a extroversão que ele demonstrava, maior era a disposição das pessoas de aceitar os seus pedidos, até mesmo as mais absurdas. "As pessoas se mostravam dispostas a fazer o que eu pedia com uma frequência muito maior do que eu tinha esperado", conta Comely. "Descobri que minha zona de conforto era muito pequena. Era como uma jaula que me impedia de testar muitas possibilidades." Ele foi ampliando essa jaula cada vez mais. Ao transformar a rejeição em algo que ele desejava e não temia, Comely mudou.

O maior impedimento, porém, para uma personalidade em processo de amadurecimento positivo é, além do medo e do nosso comodismo, o pessimismo. Quanto mais acreditarmos na imutabilidade do nosso destino, mais dificuldades temos de assumir a responsabilidade pelo nosso próprio destino. É por isso que é tão importante espalhar o conhecimento sobre a mutabilidade da personalidade. Já chega de ouvirmos nossos pais, amigos e psicólogos dizerem que o nosso caráter é algo predeterminado e fixo. Sigmund Freud prestou um grande serviço ao mundo. Mas desde que ele propagou a tese de que a primeira infância determina o resto das nossas vidas, nós não ousamos não levá-la tão a sério e nos libertar dela. Se quisermos ser diferentes – essa possibilidade existe.

"Muita coisa é possível", afirma Werner Greve. Quando uma pessoa decide tornar-se mais tranquila e relaxada, não dar tanto valor aos elogios dos outros e não permitir que a crítica dos outros a machuque tanto, isso depende em grande parte dela mesma. "Nem sempre os resultados são imediatos, isso não acontece de um segundo para o outro", explica Greve. Como exemplo, ele cita a transição da juventude para a idade adulta. "Preciso continuar tentando. Quanto mais eu me comportar como um adulto, mais rápido eu me tornarei adulto. Se ficar repetindo isso com frequência, em algum momento, acontecerá." Muitas vezes, as pessoas são tão discretas porque elas mesmas não acreditam na mudança, lamenta o psicólogo. Na verdade, porém, o espaço de manobra à disposição da personalidade é muito maior do que imaginamos.

Para Brian Little não há dúvida: "Não somos vítimas das circunstâncias nem dos nossos genes, até certo ponto podemos escolher livremente como queremos nos comportar". E vale a pena experimentar. A nossa personalidade exerce uma influência considerável sobre a nossa saúde mental e física. No fim das contas, o que importa é: nós queremos nos sentir bem com a nossa personalidade, isto é, com nossos pensamentos, sentimentos e comportamentos, ou seja, com nossas reações a nós mesmos e ao mundo. Queremos sentir afeto e respeito uns pelos outros e também expressar isso. E queremos poder assumir uma postura positiva em relação às tarefas e aos desafios da vida. Se a personalidade é capaz de mudar e se nós podemos até determinar em que direção ela pode se desenvolver, isso significa acima de tudo que a vida está nos dando uma chance enorme.

BIBLIOGRAFIA

As coisas que são possíveis

Totalmente autêntico

GULDNER, J. (2017). Sei alles, nur nicht du selbst. *Wirtschaftswoche*, 7 de dezembro.

VERHAEGHE, P. (2013). *Und ich?* – Identität in einer durchökonomisierten Gesellschaft. Munique: Kunstmann Verlag.

O cérebro: um grande contador de histórias

WOLFE, M.B. & WILLIAMS, T.J. (2018). Poor metacognitive awareness of belief change. *Quarterly Journal of Experimental Psychology*, vol. 71, n. 9, p. 1.898-1.910.

MCFARLAND, C. & ROSS, M. (1987). The relation between current impressions and memories of self and dating partners. *Personality and Social Psychology Bulletin*, vol. 13, n. 2, p. 228-238.

FURNHAM, A., MOUTAFI, J. & CHAMORRO-PREMUZIC, T. (2005). Personality and intelligence: Gender, the Big Five, self--estimated and psychometric intelligence. *International Journal of Selection and Assessment*, vol. 13, p. 11-24.

FREUND, P.A. & KASTEN, N. (2012). How smart do you think you are? A meta-analysis on the validity of self-estimates of cognitive ability. *Psychological Bulletin*, vol. 138, n. 2, p. 296-321.

TAYLOR, S.E. & BROWN, J. (1988). Illusion and well-being: A social psychological perspective on mental health. *Psychological Bulletin*, vol. 103, n. 2, p. 193-210.

ZELL, E. & KRIZAN, Z. (2014). Do people have insight into their abilities? A metasynthesis. *Perspectives on Psychological Science*, vol. 9, n. 2, p. 111-125.

BORKENAU, P. & LIEBLER, A. (1993). Convergence of stranger ratings of personality and intelligence with self-ratings, partner ratings, and measured intelligence. *Journal of Personality and Social Psychology*, vol. 65, n. 3, p. 546-553.

GUENTHER, C.L. & ALICKE, M.D. (2010). Deconstructing the better-than average effect. *Journal of Personality and Social Psychology*, vol. 99, p. 755-770.

HECK, P.R., SIMONS, D.J. & CHABRIS, C.F. (2018). 65% of Americans believe they are above average in intelligence: Results of two nationally representative surveys. Public Library of Science, vol. 13, n. 7, p. e0200103.

ALEM, Y. et al. (2018). Why (field) experiments on unethical behavior are important: Comparing stated and revealed behavior. *Journal of Economic Behavior and Organization*, vol. 156, p. 71-85.

Tudo é uma questão de interpretação

BRANDTSTÄDTER, J. (2015). Positive Entwicklung: Zur Psychologie gelingender Lebensführung, Springer Spektrum, Heidelberg.

BREITHAUPT, F. (2014). Vom Ich-Zwang zum Ausreden-Ich. In: KAUFMANN, V., SCHMID, U. & THOMÄ, D. (orgs.): Das öffentliche Ich: Selbstdarstellungen im literarischen und medialen Kontext, transcript Verlag, Bielefeld, p. 25-38.

KING, M. & O'BOYLE, J. (2001). Basic characteristics of life development stages. *Center for Cultural Studies & Analysis*, Filadélfia, EUA.

O eu maleável

SOMMERS, S. (2011). *Situations matter*: Understanding how context transforms your world. Nova York: Riverhead Books.

TOOSI, N.R. et al. (2012). Dyadic interracial interactions: A metaanalysis. *Psychological Bulletin*, vol. 138, n. 1, p. 1-27.

DARLEY, J.M. & BATSON, D. (1973). From Jerusalem to Jericho: A study of situational and dispositional variables in helping behavior. *Journal of Personality and Social Psychology*, vol. 27, p. 100-108.

BURGER, J.M. (2009). Replicating Milgram: Would people still obey today? *The American Psychologist*, vol. 64, n. 1, p. 1-11.

BARON, R.A. (1997). The sweet smell of ... helping: Effects of pleasant ambient fragrance on prosocial behavior in shopping malls. *Personality and Social Psychology Bulletin*, vol. 23, n. 5, p. 498-503.

HANNOVER, B. & KÜHNEN, U. (2002). "The clothing makes the self "via knowledge activation. *Journal of Applied Social Psychology*, vol. 32, n. 12, p. 2.513-2.525.

Tipicamente atípico

FLEESON, W. (2001). Toward a structure- and process-integrated view of personality: Traits as density distribution of states. *Journal of Personality and Social Psychology*, vol. 80, n. 6, p. 1.011-1.027.

FLEESON, W. (2007). Situation-based contingencies underlying trait-content manifestation in behavior. *Journal of Personality*, vol. 75, n. 4, p. 825-861.

SCHACHTER, S. & SINGER, J. (1962). Cognitive, social, and physiological determinants of emotional state. *Psychological Review*, vol. 69, n. 5, p. 379-399.

A grande construção

KERNIS, M.H. & GOLDMAN, B.M. (2006). A multicomponent conceptualization of authenticity: Theory and research. *Advances in Experimental Social Psychology*, vol. 38, p. 283-357.

MEHRA, A., KILDUFF, M. & BRASS, D.J. (2001). The social networks of high and low self-monitors: Implications for the workplace performance. *Administrative Science Quarterly*, vol. 46, n. 1, p. 121-146.

FLEESON, W. & WILT, J. (2010). The relevance of Big Five trait content in behavior to subjective authenticity: Do high levels of within-person behavioral variability undermine or enable authenticity achievement? *Journal of Personality*, vol. 78, n. 4, p. 1.353-1.382.

SHELDON, K.M. et al. (1997). Trait self and true self: Cross-role variation in the Big Five personality traits and its relations with psychological authenticity and subjective well-being. *Journal of Personality and Social Psychology*. vol. 73, n. 6, p. 1.380-1.393.

O eu como timoneiro

GOLDMAN, B.M. & KERNIS, M.H. (2002). The role of authenticity in healthy psychological functioning and subjective well-being. *Annals of the American Psychotherapy Association*, vol. 5, n. 6, p. 18-20.

BERNDT, C. (2016). Zufriedenheit – Wie man sie erreicht und warum sie lohnender ist als das flüchtige Glück. dtv Verlagsgesellschaft, Munique.

BERNDT, C. (2013). Resilienz – Das Geheimnis der psychischen Widerstandskraft. Was uns stark macht gegen Stress, Depressionen und Burn-out. dtv Verlagsgesellschaft, Munique.

KERNIS, M.H. & GOLDMAN, B.M. (2006). A multicomponent conceptualization of authenticity: Theory and research. *Advances in Experimental Social Psychology*, vol. 38, p. 283-357.

WICKHAM, R.E. (2013). Perceived authenticity in romantic partners. *Journal of Experimental Social Psychology*, vol. 49, p. 878-887.

BROWN, K.W. & RYAN, R.M. (2003). The benefits of being present: Mindfulness and its role in psychological well-being. *Journal of Personality and Social Psychology*, vol. 84, p. 922-948.

COHEN, S., KAMARCK, T. & MERMELSTEIN, R. (1983). A global measure of perceived stress. *Journal of Health and Social Behavior*, vol. 24, p. 385-396 e BROWN, K.W. & RYAN, R.M. (2003). The benefits of being present: Mindfulness and its role in psychological well-being. *Journal of Personality and Social Psychology*, vol. 84, p. 922-948.

LEARY, M. (2007). The curse of the self: Self-awareness, egotism, and the quality of human life. Oxford University Press, Nova York, NY.

Teste: Qual é o meu nível de autenticidade?

KERNIS, M.H. & GOLDMAN, B.M. (2006). A multicomponent conceptualization of authenticity: Theory and research. *Advances in Experimental Social Psychology*, vol. 38, p. 283-357. Citado com permissão de © Elsevier Inc. Tradução da autora.

O amadurecimento da personalidade

Como determinar a personalidade

McCRAE, R.R. & COSTA, P.T. (1987). Validation of the five-factor model of personality across instruments and observers. *Journal of Personality and Social Psychology*, vol. 52, n. 1, p. 81-90.

GOSLING, S.D., KWAN, V.S.Y. & JOHN, O.P. (2003). A dog's got personality: A cross-species comparative approach to personality judgments in dogs and humans. *Journal of Personality and Social Psychology*, vol. 85, n. 6, p. 1.161-1.169.

CASPI, A. & SILVA, P.A. (1995). Temperamental qualities at age three predict personality traits in young adulthood: Longitudinal evidence from a birth cohort. Child Development, vol. 66, n. 2, p. 486-498.

SPECHT, J., EGLOFF, B. & SCHMUKLE, S.C. (2013). Everything under control? The effects of age, gender, and education on trajectories of perceived control in a nationally representative German sample. *Developmental Psychology*, vol. 49, p. 353-364.

SPECHT, J., LUHMANN, M. & GEISER, C. (2014). On the consistency of personality types across adulthood: latent profile analyses in two large-scale panel studies. *Journal of Personality and Social Psychology*, vol. 107, p. 540-556.

ROBINS, R.W. et al. (1996). Resilient, overcontrolled, and undercontrolled boys: Three replicable personality types. *Journal of Personality and Social Psychology*, vol. 70, p. 157-171.

POLDERMAN, T.J. et al. (2015). Meta-analysis of the heritability of human traits based on fifty years of twin studies. *Nature Genetics*, vol. 47, p. 702-709.

BLEIDORN, W. et al. (2009). Patterns and sources of adult personality development: Growth curve analyses of the NEOPI-R scales in a longitudinal twin study. *Journal of Personality and Social Psychology*, vol. 97, p. 142-155.

A soma das nossas decisões

SPECHT, J., EGLOFF, B. & SCHMUKLE, S.C. (2011). Stability and change of personality across the life course: The impact of age and major life events on mean-level and rank-order stability of big five. *Journal of Personality and Social Psychology*, vol. 101, p. 862-882.

SPECHT, J. (2017). Personality Development Across the Lifespan. Academic Press. Elsevier, Cambridge.

Até a idade avançada

SUSSMAN, A.F. et al. (2014). Tenure in current captive settings and age predict personality changes in adult pigtailed macaques. *Animal Behaviour*, vol. 89, p. 23-30.

ECKARDT, W. et al. (2015). Personality dimensions and their behavioral correlates in wild Virunga mountain gorillas (Gorilla beringei beringei). *Journal of Comparative Psychology*, vol. 129, p. 26-41.

BERG, A.I. & JOHANSSON, B. (2014). Personality change in the oldest-old: Is it a matter of compromised health and functioning? *Journal of Personality*, vol. 82, n. 1, p. 25-31.

SPECHT, J. (2015). Psychologie des hohen Lebensalters. Em: *Aus Politik und Zeitgeschichte*, vol. 38/39, p. 3-10.

Os "Big Five"

McCRAE, R.R. & COSTA, P.T. (1987). Validation of the five-factor model of personality across instruments and observers. *Journal of Personality and Social Psychology*, vol. 52, n. 1, p. 81-90.

BORKENAU, P. & OSTENDORF, F. (2008). NEO-Fünf-Faktoren-Inventar nach Costa und McCrae (NEO-FFI). Verlag Hogrefe, Göttingen. 2ª edição.

A medição da alma

KOSINSKI, M., STILLWELL, D. & GRAEPEl, T. (2013). Private traits and attributes are predictable from digital records of human behavior. *Proceedings of the National Academy of Sciences of the USA*, vol. 110, n. 15, p. 5.802-5.805.

YOUYOU, W., KOSINSKI, M. & STILLWELL, D. (2015). Computer-based personality judgments are more accurate than those made by humans. *Proceedings of the National Academy of Sciences of the USA*, vol. 112, n. 4, p. 1.036-1.040.

GRASSEGGER, H. & KROGERUS, M. (2016). Ich habe nur gezeigt, dass es die Bombe gibt. *Das Magazin*, 3 de dezembro: https://www.dasmagazin.ch/2016/12/03/ich-habe-nur-gezeigt--dass-es-die-bombe-gibt/ (acessado em 31 de julho de 2019).

MATZ, S.C. et al. (2017). Psychological targeting as an effective approach to digital mass persuasion. *Proceedings of the National Academy of Sciences of the USA*, vol. 114, n. 48, p. 1.2714-1.2719.

WANG, Y. & KOSINSKI, M. (2018). Deep neural networks are more accurate than humans at detecting sexual orientation from facial images. *Journal of Personality and Social Psychology*, vol. 114, n. 2, p. 246-257.

Teste: Qual é a minha personalidade?

COSTA, P.T. & McCRAE, R.R. (1992). Neo PI-R professional manual. *Psychological Assessment Resources*, Odessa (Florida), EUA.

COSTA, P.T. & McCRAE, R.R. (1992). Revised NEO Personality Inventory (NEO-PI-R) and NEO Five-Factor Inventory (NEO--FFI) manual. *Psychological Assessment Resources*, Odessa (Florida), EUA.

BORKENAU, P. & OSTENDORF, F. (2008). NEO-Fünf-Faktoren-Inventar nach Costa und McCrae (NEO-FFI). Verlag Hogrefe, Göttingen. 2ª edição.

JOHNSON, J.A. (2014). Measuring thirty facets of the five-factor model with a 120-item public domain inventory: Development of the IPIP-NEO-120. *Journal of Research in Personality*, vol. 51, p. 78-89. Acessível em: https://www.personal.psu.edu/~j5j/IPIP/ (acessado em 31 de julho de 2019).

Ressonância – ou as decisões importantes

STRITTMATTER, K. (2019). Reifeprüfung, *Süddeutsche Zeitung*, 27 de abril.

THUNBERG, G. & S., Ernman B. e M. (2019). *Szenen aus dem Herzen. Unser Leben für das Klima*. S. Fischer Verlag, Frankfurt am Main.

Inseridos num sistema de ressonância

REHEIS, F. (2019). *Die Resonanzstrategie. Warum wir Nachhaltigkeit neu denken müssen*. Oekom-Verlag, Munique.

PÉREZ, A., CARREIRAS, M. & DUÑABEITIA, J.A. (2017). Brain-to-brain entrainment: EEG interbrain synchronization while speaking and listening. *Scientific Reports*, vol. 7, n. 4.190.

VERHAEGHE, P. (2013). *Und ich? Identität in einer durchökonomisierten Gesellschaft*. Munique: Kunstmann Verlag.

Os primeiros anos e a influência da criação

STAHL, S. (2015). *Das Kind in dir muss Heimat finden. Der Schlüssel zur Lösung (fast) aller Probleme*. Munique: Kailash Verlag.

BERNTSEN, D. & RUBIN, D.C. (2002). Emotionally charged autobiographical memories across the life span: The recall of happy, sad, traumatic and involuntary memories. *Psychology and Aging*, vol. 17, n. 4, S. 636-652.

BERNTSEN, D., RUBIN, D.C. & SIEGLER, I.C. (2011). Two versions of life: Emotionally negative and positive life events have different roles in the organization of life story and identity. *Emotion*, vol. 11, p. 1.190-1.201.

LE VINE, S. & LE VINE, R.A. (2016). Do parents matter?: Why Japanese babies sleep soundly, Mexican siblings don't fight, and American families should just relax, *Public Affairs*, Nova York, NY.

SCARR, S. & McCARTNEY, K. (1983). How people make their own environments: A theory of genotype environment effects. *Child Development*, vol. 54, n. 2, p. 424-435.

BARNES, J.C. et al. (2014). Demonstrating the validity of twin research in criminology. *Criminology*, vol. 52, p. 588-626.

BARNES, J.C. et al. (2013). Analyzing the origins of childhood externalizing behavioral problems. *Developmental Psychology*, vol. 49, p. 2.272-2.284.

BARNES, J.C. et al. (2014). On the consequences of ignoring genetic influences in criminological research. *Journal of Criminal Justice*, vol. 42. p. 471-482.

BOUTWELL, B.B. & WHITE, M.A. (2019). Gene regulation and the architecture of complex human traits in the genomics era. *Current Opinion in Psychology*, vol. 27, p. 93-97.

AVINUM, R. & KNAFO, A. (2013). The Longitudinal Israeli Study of Twins (LIST) – An integrative view of social development. *Twin Research and Human Genetics*, vol. 16, n. 1, p. 197-201.

Quem cunha quem e em que medida?

AVINUM, R. & KNAFO, A. (2014). Parenting as a reaction evoked by children's genotype: a meta-analysis of children-as-twins studies. *Personality and Social Psychology Review*, vol. 18, n. 1, p. 87-102.

HARRIS, J.R. (1998). *The nurture assumption: Why children turn out the way they do*. Bloomsbury, Londres.

A combinação de todos os nossos relacionamentos

MANSTEAD, A.S.R. (2018). The psychology of social class: How socioeconomic status impacts thought, feelings, and behaviour. *British Journal of Social Psychology*, vol. 57, p. 267-291.

SINCLAIR, S. et al. (2005). Social tuning of automatic racial attitudes: The role of affiliative motivation. *Journal of Personality and Social Psychology*, vol. 89, n. 4, p. 583-592.

GREENWALD, A.G., McGHEE, D.E. & SCHWARTZ, J.L.K. (1998). Measuring individual differences in implicit cognition: The implicit association test. *Journal of Personality and Social Psychology*, vol. 74, n. 6, p. 1.464-1.480.

Influências externas positivas e negativas

SPECHT, J., EGLOFF, B. & SCHMUKLE, S.C. (2011). Stability and change of personality across the life course: The impact of age and major life events on mean-level and rank-order stability of the big five. *Journal of Personality and Social Psychology*, vol. 101, n. 4, p. 862-882.

FINN, C., MITTE, K. & NEYER, F.J. (2015). Recent decreases in specific interpretation biases predict decreases in neuroticism: Evidence from a longitudinal study with young adult couples. *Journal of Personality*, vol. 83, p. 274-286.

LÜDTKE, O. et al. (2011). A random walk down university avenue: Life paths, life events, and personality trait change at the transition to university life. *Journal of Personality and Social Psychology*, vol. 101, p. 620-637.

GOLLE, J. et al. (2019). School or work? The choice may change your personality. *Psychological Science*, vol. 30, n. 1, p. 32-42.

NIEHOFF, E., PETERSDOTTER, L. & FREUND, P.A. (2017). International sojourn experience and personality development: Selection and socialization effects of studying abroad and the big five. *Personality and Individual Differences*, vol. 112, p. 55-61.

BERNDT, C. (2016). *Zufriedenheit – Wie man sie erreicht und warum sie lohnender ist als das flüchtige Glück*. dtv Verlagsgesellschaft, Munique.

BERNDT, C. (2013). *Resilienz – Das Geheimnis der psychischen Widerstandskraft. Was uns stark macht gegen Stress, Depressionen und Burn-out*. Munique: dtv Verlagsgesellschaft.

LU, J.G. et al. (2017). The dark side of going abroad: How broad foreign experiences increase immoral behavior. *Journal of Personality and Social Psychology*, vol. 112, p. 1-16.

BOYCE, C.J. et al. (2015). Personality change following unemployment. *Journal of Applied Psychology*, vol. 100, p. 991-1.011.

A soma das nossas experiências

SPECHT, J., EGLOFF, B. & SCHMUKLE, S.C. (2013). Everything under control? The effects of age, gender, and education on trajectories of perceived control in a nationally representative German sample. *Developmental Psychology*, vol. 49, p. 353-364.

SPECHT, J. em diálogo com PRITLOVE, T. (2018). Über unsere Persönlichkeit und den Wert der Unterschiede. *Forschergeist – Horizonte für Bildung und Forschung* (*podcast*).

ACKER-PALMER, A. et al. (2016). Neurobiologie der Resilienz gegenüber´stressinduzierter psychischer Dysfunktion: Mechanismen verstehen und Prävention fördern. Sonderforschungsbereich 1193.

BRILEY, D.A. & TUCKER-DROB, E.M. (2017). Comparing the developmental genetics of cognition and personality over the life span. *Journal of Personality*, vol. 85, p. 51-64.

KANDLER, C. et al. (2011). Life events as environmental states and genetic´traits and the role of personality: A longitudinal twin study. *Behavior Genetics*, vol. 42, p. 57-72.

SRIVASTAVA, S. et al. (2003). Development of personality in early and middle adulthood: Set like plaster or persistent change? *Journal of Personality and Social Psychology*, vol. 84, p. 1.041-1.053.

Influências surpreendentes

SOUZA MOURA, A.M. de et al. (2015). Comparison among aerobic exercise and other types of interventions to treat depression: A systematic review. *CNS & Neurological Disorders – Drug Targets*, vol. 14, n. 9, p. 1.171-1.183.

Quando de repente você se torna outra pessoa

GRATTAN, L.M. (2001). Empirical study of personality change after stroke. *Stroke*, vol. 32, p. 318-319.

KING, M.L. et al. (2017). Neural correlates of improvements in personality and behavior following a neurological event. *Neuropsychologia*, S0028-3932(17)30445-1.

Preferêncais inimagináveis

ROLFF, M. (2014). Auf einen Schlag. *Süddeutsche Zeitung*, 7 de junho.

LYTHGOE, M.F.X. et al. (2005). Obsessive, prolific artistic output following subarachnoid hemorrhage. *Neurology*, vol. 64, n. 2, p. 397-398.

A reordenação da alma

BUNZEL, B. et al. (1992). Does changing the heart mean changing personality? A retrospective inquiry on 47 heart transplant patients. *Quality of Life Research*, vol. 1, n. 4, p. 251-256.

SVENAEUS, F. (2012). Organ transplantation and personal identity: How does loss and change of organs affect the self? *Journal of Medicine and Philosophy*, vol. 37, n. 2, p. 139-158.

PEARSALL, P., SCHWARTZ, G.E. & RUSSEK, L.G. (1999). Changes in heart transplant recipients that parallel the personalities of their donors. *Integrative Medicine*, vol. 2, n. 2/3, p. 65-72.

Micróbios contra depressões

KÖHLER-FORSBERG, O. et al. (2019). A nationwide study in Denmark of the association between treated infections and subsequent risk of treated mental disorders in children and adolescents. *JAMA Psychiatry*, vol. 76, n. 3, p. 271-279.

KECHAGIAS, S. et al. (2008). Fast-food-based hyper-alimentation can induce rapid and profound elevation of serum alanine aminotransferase in healthy subjects. *Gut*, vol. 57, p. 649-654.

BLOMKVIST, M. (2006). Only another 5,500 calories to go… *Guardian*, 7 de setembro.

TILLISCH, K. et al. (2013). Consumption of fermented milk product with probiotic modulates brain activity. *Gastroenterology*, vol. 144, n. 7, p. 1.394-1.401.

REYNOLDS, C.F. III et al. (2014). Early intervention to preempt major depression in older black and white adults. *Psychiatry Services*, vol. 65, n. 6, p. 765-773.

SÁNCHEZ-VILLEGAS, A. et al. (2013). Mediterranean dietary pattern and depression: The PREDIMED randomized trial. *BMC Medical*, vol. 11, p. 208.

BERCIK, P. et al. (2011). The anxiolytic effect of Bifidobacterium longum NCC3001 involves vagal pathways for gut–brain communication. *Neurogastroenterology & Motility*, vol. 23, n. 12, p. 1.132-1.139.

SUDO, N. et al. (2004). Postnatal microbial colonization programs the hypothalamic-pituitary-adrenal system for stress response in mice. *Journal of Physiology*, vol. 558, n. 1, p. 263-275.

CRYAN, J.F. & DINAN, TG (2012). Mind-altering microorganisms: The impact of the gut microbiota on brain and behaviour. *Nature Reviews Neuroscience*, vol. 13, n. 10, p. 701-712.

CRYAN, J.F. & DINAN, T.G. (2019). Talking about a microbiome revolution. *Nature Microbiology*, vol. 4, n. 4, p. 552-553.

O cérebro: um lugar muito bem protegido

HSIAO E.Y. et al. (2013). Microbiota modulate behavioral and physiological abnormalities associated with neurodevelopmental disorders. *Cell*, vol. 155, n. 7, p. 1.451-1.463.

BRANISTE, V. et al. (2014). The gut microbiota influences blood--brain barrier permeability in mice. *Science Translational Medicine*, vol. 6, n. 263, p. 263ra158.

YANO, J.M. et al. (2015). Indigenous bacteria from the gut microbiota regulate host serotonin biosynthesis. *Cell*, vol. 161, n. 2, p. 264-276.

VALLES-COLOMER, M. et al. (2019). The neuroactive potential of the human gut microbiota in quality of life and depression. *Nature Microbiology*, vol. 4, n. 4, p. 623-632.

KAELBERER, M.M. et al. (2018). A gut-brain neural circuit for nutrient sensory transduction. *Science*, vol. 361, n. 6408, p. eaat5236.

Você é o que come

SELHUB, E.M., LOGAN, A.C. & BESTED, A.C. (2014). Fermented foods, microbiota, and mental health: Ancient practice meets nutritional psychiatry. *Journal of Physiological Anthropology*, vol. 33, n. 1, p. 2.

Transformado no sono

ROLL, E. (2014). Na dann gute Nacht. *SZ Magazin*, 11 de abril.

MÖLLER-LEVET, C.S. et al. (2013). Effects of insufficient sleep on circadian rhythmicity and expression amplitude of the human blood transcriptome. *Proceedings of the National Academy of Sciences of the USA*, vol. 110, n. 12, p. E1.132-E1.141.

MINKEL, J.D. et al. (2012). Sleep deprivation and stressors: Evidence for elevated negative affect in response to mild stressors when sleep deprived. Emotion, vol. 12, n. 5, p. 1.015-1.020.

VENKATRAMAN, V. et al. (2011). Sleep deprivation biases the neural mechanisms underlying economic preferences. *Journal of Neuroscience*, vol. 31, n. 10, p. 3.712-3.718.

LEJUEZ, C.W. et al. (2002). Evaluation of a behavioral measure of risk taking: The Balloon Analogue Risk Task (BART). *Journal of Experimental Psychology*: *Applied*, vol. 8, p. 75-84.

WHITE, T.L., LEJUEZ, C.W. & de WIT, H. (2008). Test-retest characteristics of the Balloon Analogue Risk Task (BART). *Experimental and Clinical Psychopharmacology*, vol. 16, p. 565-570.

PETROVSKY, N. et al. (2014). Sleep deprivation disrupts prepulse inhibition and induces psychosis-like symptoms in healthy humans. *Journal of Neuroscience*, vol. 34, n. 27, p. 9.134-9.140.

SIMON, E.B. & WALKER, M.P. (2018). Sleep loss causes social withdrawal and loneliness. *Nature Communications*, vol. 9, p. 3.146.

A privação de sono interrompe a remoção de lixo no cérebro

YOO, S.S. et al. (2007). The human emotional brain without sleep – A prefrontal amygdala disconnect. *Current Biology*, vol. 17, n. 20, p. 877-878.

YOO, S.S. et al. (2007). A deficit in the ability to form new human memories without sleep. *Nature Neuroscience*, vol. 10, n. 3, p. 385-392.

Inventar a si mesmo em vez de encontrar a si mesmo

Fingir é permitido

LITTLE, B.R. (2014). Me, Myself, and us. The science of personality and the art of well-being. *Public Affairs*, Nova York, NY.

CAIN, S. (2011). *Still. Die Bedeutung von Introvertierten in einer lauten Welt*, Riemann Verlag, München.

Fazer algo diferente

FLETCHER, B. & PINE, K. (2012). *Flex. Do something different. How to use the other 9/10ths of your personality.* University of Hertfordshire Press, Hatfield.

TANG, T.Z. et al. (2009). A placebo-controlled test of the effects of paroxetine and cognitive therapy on personality risk factors in depression. *Archives of General Psychiatry*, vol. 66, n. 12, p. 1.322-1.330.

SCHÖNEGGER, P. & WAGNER, J. (2019). The moral behavior of ethics professors: A replication-extension in German-speaking countries. *Philosophical Psychology*, vol. 32, n. 4, p. 532-559.

FLETCHER, B., PINE, K. & PENMAN, D. (2007). *The no diet diet: Do something different.* Orion, Londres.

FLETCHER, B. et al. (2011). FIT – Do Something Different: A new psychological intervention tool for facilitating weight loss. *Swiss Journal of Psychology*, vol. 70, n. 1, p. 25-34.

Simplesmente finja…

JAMES, W. (1884). What is an emotion? *Mind*, vol. 9, p. 188-205.

Autoavaliação e percepção seletiva

HUDSON, N.W. & ROBERTS, B.W. (2014). Goals to change personality traits: Concurrent links between personality traits, daily behavior, and goals to change oneself. *Journal of Research in Personality*, vol. 53, p. 68-83.

LIU, J., CHEN, X., COPLAN, R.J., DING, X., ZARBATANY, L. & ELLIS, W. (2015). Shyness and unsociability and their relations with adjustment in Chinese and Canadian children. *Journal of Cross-Cultural Psychology*, vol. 46, n. 3, p. 371-386.

BRONFMAN, Z.Z. et al. (2015). Decisions reduce sensitivity to subsequent information. *Proceedings of the Royal Society B*, vol. 282, p. 20, 150, 228.

TALLURI B. et al. (2018). Confirmation bias through selective overweighting of choice-consistent evidence. *Current Biology*, vol. 28, p. 31283135-e8.

Harmonizar motivação interior e objetivos

SCHULTHEISS, O.C. & BRUNSTEIN, J.C. (orgs., 2010). Implicit motives, Oxford University Press, Nova York, NY.

ROCH, R., RÖSCH, A. & SCHULTHEISS, O. (2017). Enhancing congruence between implicit motives and explicit goal commitments: Results of a randomized controlled trial. *Frontiers in Psychology*, vol. 8, p. 1.540.

LARGO, R. (2017). *Das passende Leben: Was unsere Individualität ausmacht und wie wir sie leben können*. S. Fischer Verlag, Frankfurt am Main.

KALBITZER, J. (2018). *Das Geschenk der Sterblichkeit: Wie die Angst vor dem Tod zum Sinn des Lebens führen kann*. Munique : Blessing Verlag.

SPECHT, J. em diálogo com PRITLOVE, T. (2018). Über unsere Persönlichkeit und den Wert der Unterschiede. *Forschergeist – Horizonte für Bildung und Forschung* (*podcast*).

Não existe obrigação aqui

BOOTHBY, E.J. et al. (2018). The liking gap in conversations: Do people like us more than we think? *Association for Psychological Science*, vol. 29, n. 11, p. 1.742-1.756.

A ilusão do fim

MÜHLIG-VERSEN, A., BOWEN, C.E. & STAUDINGER, U.M. (2012). Personality plasticity in later adulthood: Contextual and personal resources are needed to increase openness to new experiences. *Psychology and Aging*, vol. 27, n. 4, p. 855-866.

JACKSON, J.J. et al. (2012). Can an old dog learn (and want to experience) new tricks? Cognitive training increases openness to experience in older adults. *Psychology and Aging*, vol. 27, n. 2, p. 286-292.

QUOIDBACH, J., GILBERT, D.T. & WILSON, T.D. (2013). The end of history illusion. *Science*, vol. 339, p. 96-98.

Mudança por meio de desafios

HUDSON, N. & FRALEY, R. (2015). Volitional personality trait change: Can people choose to change their personality traits? *Journal of Personality and Social Psychology*, vol. 109, n. 3, p. 490-507.

HUDSON, N.W. et al. (2019). You have to follow through: Attaining behavioral change goals predicts volitional personality change. *Journal of Personality and Social Psychology* (na gráfica).